Der Österreicher

Erich Maier

Der Österreicher

Eine Farce über den Missbrauch

Dies ist eine Einleitung, in diesem Fall ohne Überschrift, weil der folgende Text so angeordnet ist, als Wurst, durch Kapitelzahlen strukturiert. Und auch der Inhalt ist eine Art Wurst, weil er, Gott sei Dank, einigermaßen konsistent ist im negativen Sinn, wobei dieses Wort dann, streng genommen, nicht verwendet werden darf! Und eine Einleitung soll einen Überblick liefern über den Inhalt, wird also meist erst im Nachhinein geschrieben. Ich habe es also einfacher, weil ich den Inhalt schon kenne, und andererseits zwingt mich meine Eitelkeit, auch noch etwas Neues hinzuzufügen!

Wie der Untertitel sagt, geht es um den Missbrauch und noch dazu wird auch eine persönliche Verwobenheit behauptet oder dargestellt. Selbst wenn ich selbst nicht missbraucht worden sein sollte, kann ich eine Beziehung oder eine Art Naheverhältnis dazu haben, weil es sich dabei wesentlich um etwas Kognitives handelt: Missbrauch überschreitet die Grenze zwischen Denken und Physischem. Das Physische habe ich vielleicht nicht erfahren, aber den vollen Umfang der damit verbundenen

Theorie! Und das wirkt sich wesentlich aus in der Existenz! Und Österreich ist dafür so etwas wie ein Expertengrund, ein Kernland im unterschwelligen Sinn mit unklarer Identität und Sprache, was sich unter Umständen auf eine Person der vorchristlichen, keltische Zeit zurückführen lässt, die sich den Namen mit einer anderen historischen Figur teilt: Brennus. Und in dieser Hinsicht darf ich mich wohl ohne Hybris in einer gewissen Linienverbundenheit mit Brennus auffassen!

Inhaltlich geht es weniger um den Akt des Missbrauchs an sich, aber es wird versucht, die gesamte Thematik mit Mitteln der Sprachbetrachtung, also des Aufweises mehr oder weniger relevanter Begriffe zu beleuchten. Und natürlich kommt man da auch zur Praxis, aber eben mehr im theoretischen Sinn! Ein Buch über die Praxis, von einem Theoretiker verfasst. Die Philosophiegeschichte ist eine Begründung des Missbrauchs. Und der Missbrauch selbst ist von der Substanz her eine Idealisierung des Sexualaktes. Ideal ist dann also weit von „ideal" entfernt, aber es weist immerhin auf die Involvierung des Verstandes im Verlauf der Entstehungsgeschichte hin! Ohne Denken kein Missbrauch! Und das Denken geht dem Missbrauch voraus.

Und das zweite inhaltliche Schwergewicht ist die Rolle der Zeit in diesem brisanten Kontext. Die Zeit wird durch kognitive und emotionale Negativität zum Glühen gebracht und besteht als leuchtendes Phänomen in der dort irrtümlich angesetzten Sphäre der Ideale weiter. Die Zeit ist dann eine Illusion als Platzhalter für Illusion schlechthin, und eine problematische noch dazu! Ein vertikaler Kreislauf, eine Rückkoppelung, ein circulus vitiosus entsteht. Der Missbrauch ist wie eine optische Abbildung der glühenden Schlinge der Zeit. Und hinter der Zeit verbirgt sich die ganze Kultur, und wenn man pessimistisch ist, auch noch die Lüge! Und darunter entsteht, inspiriert von diesem Bild, ein Bassin, ein Topf, ein Behälter des Irrationalen, welches selbst unter Umständen auf glühende Temperaturen gebracht werden kann. Und das Irrationale könnte man beschreiben als Lüge der Zeit plus Missbrauch. Irrationales – Zeit – Missbrauch – Lüge, ergibt das die Kultur? Und man könnte noch ein paar Wörtchen hinzugeben wie etwa Negativität, Destruktivität und Verrat!

Wenn ich oben schrieb, die Grenze zwischen Denken und Physischem wird hierbei überschritten, dann gibt es dazwischen noch den Bereich der Emotionen und Gefühle, und getragen wird die gesamte Psyche selbstverständlich auch von „vor" der Sprache angesiedeltem Leben, das auch abgespeichert werden kann ohne Begriffe. Das Netz der Sprache kann nicht den Ozean der Kultur aufnehmen und die Kultur wird ihrerseits gehalten und getragen von der Natur. Und doch werden Probleme üblicherweise kognitiv gelöst, soweit das mit der Verdichtung von Begriffen überhaupt möglich ist. Ein Mensch ist eben keine Insel, existiert nicht allein! Und Zeit etwa ist, was ohnedies im Leben und in der Existenz passiert! Die Frage ist nur, ob sie negativ sein muss, ob das einfach so zu akzeptieren ist? Objektiv wäre diese Frage logisch zu verneinen! Die Praxis sieht jedoch einigermaßen durchwachsen aus und in diesem Buch wird keinem Idealismus das Wort geredet! Der Ring der Zeit wird glühen, bis das Irrationale gelöst ist! Und das würde praktisch bedeuten, dass der Missbrauch zu einem Ende kommen müsste! Ein Mensch kann sich ohnedies nicht erschöpfen in oder mit der Lüge der Zeit! Das Negative ist nicht so stark oder stabil wie die ganz selbstverständliche, stets vorhandene Substanz des Lebens! Ein Negativer muss auch positiv sein, was umgekehrt nicht in gleichem Maß gilt! Die Negativität erreicht ihren Rand durch Ausfransen, das Positive ist konsistent, auch wenn nicht durch die Sprache erschöpfend darstellbar. Das Wort Kraft etwa ist positiv und hat kein direktes, negatives Pendant, Macht bildet keinen Gegensatz dazu. Negativität erkennt nicht die Überlegenheit der Natur! Sie ließe sich sogar definieren als kollektive Beschränkung der Natur. Das Negative kann entgegen seinem Image das Positive gar nicht überwinden! Negativ ist Lüge, positiv ist Leben, so einfach ist das!

Und doch wird mein Erfahrungshorizont von der Negativität bestimmt. Ich bin eingekesselt, obwohl ich nicht missbraucht wurde, es gibt kein Entrinnen aus einem scheinbar wasserdichten System! Wenn ich dann aber zurückgehe in die Ursachenrichtung, treffe ich seltsamerweise wieder auf mich selbst, irgendwie in der breiten und räumlichen Ausdehnung der Natur. Die Natur vereint Gegensätze, auch den der moralischen

Vorstellungen „gut" und „böse". Was mir an Bösem begegnet, bin ich letztendlich auch selbst!

Aber ich werde missbräuchlich behandelt, immer knapp am Ziel vorbei! Bei einem Verratenen wird Sachliches sozusagen systematisch verfehlt! Ich erkenne mich selbst nicht wieder, der Spiegel der Sprache liegt in tausend Scherben! Was direkt zum Geist führt, denn dieser bewirkt die sprachliche Spiegelfunktion. Irgendwie scheine ich also doch entkommen zu sein, in mir trifft diese Funktion nicht mehr zu! Was aber andere nicht hindert, sich konsequent weiter negativ zu verhalten!

Der Missbrauch möchte also das menschliche Innenleben nach außen kehren! Wohlgemerkt, nicht das eigene, und beim anderen ist das nicht so ohne weiteres möglich! So gesehen, ist der Missbrauch von vornherein ein zum Scheitern verurteiltes Projekt, etwas, das gar nicht durchgeführt werden kann! Aber in meinem Inneren wird vom Missbrauch unter Umständen sogar die ursprüngliche Wahrnehmung verstellt! Mit Geist leben wir also zu einem gewissen Grad ein Leben des Als-ob und „Was wäre, wenn?". Und der Geist wabert um die Zeit herum, seinen festen, aber glühenden Kern. Und dabei ist der Geist nichts weiter als ein Mechanismus des Umgangs mit der Realität!

1

Stellen Sie sich vor, Sie sehen einfach nichts! Gar nichts. Nicht wegen eines Blackouts, was immer das ist, nicht wegen eines Schlages gegen den Kopf, einfach so, es ist nichts da. Sie sitzen auf der Bettkante, am Rand eines Sofas und starren vor sich hin. Nichts. Jemand hat Ihnen den Boden unter den Füßen weggezogen, jemand hat Sie der Grundlagen, ja der gesamten Existenz beraubt. Es ist Verrat, aber das Wort fällt Ihnen damals noch nicht ein. Sie sind ein Opfer im wahrsten Sinn des Wortes, aber Sie stehen erst am Beginn des Lebens, einstellig an Jahren, und Sie können das nicht wahrhaben, akzeptieren. Was soll das? Aber es ist real, nichts! Sie können es nicht wegzaubern, sich nicht in einen anderen Bewusstseinsmodus versetzen. Da ist nichts in Ihrer Vorstellung, Sie haben keine Aussicht auf Existenz. Und alles liegt erst noch vor Ihnen! Oder soll das etwa schon das Ende markieren?

Da taucht etwas auf, kommt etwas dazu, ist doch etwas vorhanden! Sie hatten schon befürchtet, in den gähnenden Abgrund zu stürzen, der sich in der Vorstellung nach unten auftut, aber das Nichts erstreckt sich nach allen Seiten gleich, auch nach oben und unten, und Sie verändern nicht die Position, schweben gleichsam im Nichts. Wie ein Weltall ohne Sterne, ohne Materie, ohne interstellaren Krimskrams. Und Sie stürzen auch nicht ab. Seltsam, gilt hier die Schwerkraft nicht? Oder ist das nur ein Wunsch, eine Befürchtung des Geistes? Aber gerade darin besteht ja das Furchtbare, vorhanden zu sein und nichts zu sehen, keine Existenz zu haben und auch keine Aussicht darauf. Grundlos, im wahrsten Sinn des Wortes.

Aber es ist doch etwas da. Wie eine Telefonzelle, vielleicht ein Quadratmeter Bodenfläche, der Boden ist fest, rutschfestes Metall. Die Ecken des Häuschens sind abgerundet, der ehemalige Standard österreichischer Telefonzellen, die Vorderfront fehlt. Sie können gar nicht erkennen, ob da ein Telefon drinnen hängt, und das ist vielleicht auch nicht so wichtig, es ist potenziell ein Raum, in den man sich begeben, wo man Unterschlupf finden kann, eine Telefonzelle ein paar Meter vor einem im Nichts! Zumindest vor dem Absturz scheint einen der Boden schützen zu können! Man müsste nur schnell einen Schritt darauf tun! Aber es gibt ohnedies keinen Absturz, es gibt gar nichts! Etwas symbolisiert die Telefonzelle aber vielleicht doch, Kommunikation, auch wenn damals vielleicht gar kein Telefon drinnen hing. Und jetzt, mehr als fünfzig Jahre später ist das Sache, soll ich womöglich kommunizieren! Worüber? Das Nichts ist nicht nichts, es ist Natur, die Grundlage und auch die Substanz von allem. Das Nichts ist alles, man kann es nur nicht erkennen, oder besser, es gibt gar nichts zu erkennen, eben nichts. Das Nichts ist alles ohne den menschlichen Verstand, Natur pur oder … Ich kann es einfach nicht richtig beschreiben! Das Nichts ist einfach das Fehlen von Absicht, von Intentionalität – vielleicht gar von „böser" Absicht? Das

Nichts verdeckt, versteckt, verheimlicht gleichsam Natur. Und ein unglaublicher Gegenpol zur Natur, vielleicht gar das Gegenteil, – zumindest scheint es das für sich in Anspruch zu nehmen –, ist Missbrauch. Darf man dieses Wort überhaupt öffentlich erwähnen? Mir scheint jedenfalls die Aufgabe zugefallen zu sein, einen Text über diese Problematik zu schreiben, und dabei habe ich Missbrauch im eigentlichen Sinn gar nicht erlebt, zumindest nicht bewusst! Aber sämtliche Folgen des Missbrauchs, Verrat, Destruktivität, Negativität, Lüge, eine missverstandene Opferthematik bis vielleicht dahin, verflucht worden zu sein. Ein annähernd konsistentes, oder besser permanentes, scheinbar unumgänglich dauerhaftes System der Negativität, dessen Bezugspunkt man bildet, in dessen Zentrum man sich findet umgeben von immateriellen Mauern, die man nicht übersteigen, verlassen kann. Aber das ist persönlich, und das soll hier keine Biografie sein!

Wie es mir persönlich geht? Stellen Sie sich vor, ich sitze auf einer Terrasse in den Bergen, in den österreichischen Alpen, Gott sei Dank eine ziemlich verlassene Gegend, aber sie haben hier einen Glasboden-Vorsprung errichtet, man sitzt quasi über dem Abgrund. Es ist herrlich schönes Wetter, aber keiner ist da, die sind vielleicht alle woanders, oder ... ich weiß nicht! Ich bin also allein auf der Alm und schreibe so vor mich hin über, naja, ich weiß nicht, vielleicht über Philosophie. Das ist ohnehin ein reichlich verworrener Stoff, über den vielleicht kaum jemand so richtig Bescheid weiß mit Ausnahme der Lehrer, versteht sich, und das liegt vielleicht nicht zuletzt auch am Inhalt, dem – naja, vielleicht ist das auch der Missbrauch? Philosophie oder Missbrauch? Philosophie als Missbrauch? Ist das ein haltbarer Gedanke? Muss ich nicht entscheiden, ich kann nur über mich schreiben oder eigentlich wieder nicht über mich, denn es soll ja keine Biografie sein! Ich und Philosophie? … Ich flog einmal in der Schule ohne mein Zutun aus dem Rahmen, und die Reaktion der Lateinprofessorin war damals ein Zweizeiler in Form eines Kanons, den wir auch zwei- oder dreimal wiederholten: *Si tacuisses, philosophus mansisses* – wenn du geschwiegen hättest, wärst du ein Philosoph geblieben! Und ich hatte mich bis dahin, ich glaube in der dritten Klasse, also mit zwölf oder dreizehn, auch keineswegs als Philosoph aufgefasst, das war mir ziemlich neu, aber wahrscheinlich war ich ohnehin nicht damit gemeint gewesen! Wie sollte ich mich mit der Rolle eines Philosophen identifizieren, was ja wohl als eher brotloser Beruf galt und ein wenig abgehoben, weltfremd, um nicht zu sagen unnütz? Womit beschäftigten sich Philosophen überhaupt? Zugegeben, das war alles sehr hochstehend, aber ich hatte damals wenig Ahnung und konnte damit auch nichts anfangen. Ich wollte korrekt sein, ich wollte vielleicht einmal etwas machen, das Hand und Fuß hatte und ich wollte auch kein Außenseiter in der Existenz sein, falls sich das irgendwie machen ließ. Schließlich braucht man auch Brot, um sich zu ernähren! Aber wohin ich mich auch drehte, wohin ich auch lief, ich stieß immer wieder an die Mauern des Systems, die mich umgaben, ohne sie greifen zu können, ich wusste nichts über Philosophie, ich lernte damals auch nichts über Philosophie, aber ich hatte mit Philosophie in der Praxis zu tun, mit Philosophie … oder Missbrauch, den ich, Gott sei Dank, niemals erlitten hatte, zumindest nicht bei erinnerungsfähigem Bewusstsein! Philosophie oder Missbrauch, und es wurde auch nichts Rechtes aus mir, obwohl ich ein paar Jahre später mein Ziel erreichte, mein Bewusstsein auf Natur zurückgestellt wurde, ohne Unbewusstes und Geist, damals im September 1983, am zwanzigsten, wenn ich nicht irre, ein wenig nach sechzehn Uhr im Tagraum am Billardtisch. Es war Studium, und ich war diszipliniert, hatte so etwas nie vorher getan, im Studium Billard zu spielen, und damals passierte es: mein Partner oder Gegenspieler verließ grußlos den Raum und ich stürzte in den Abgrund! Schon wieder das Nichts, am helllichten Tag, stehend, bei vollem Bewusstsein! Ich war in der Nähe des Fensters und fürchtete, hinzufallen, aber ich hielt das Gleichgewicht und wenige Sekunden oder Augenblicke später war es auch schon wieder vorbei, das Bewusstsein war gleichsam aus dem Bauch, aus dem Zentrum wieder hochgefahren und ich spürte eine nie gekannte Freude! Es war vielleicht der positivste Moment meines gesamten Lebens! Ich wusste intuitiv, ich hatte mein Ziel erreicht, das Ziel meiner Existenz, und ich war immer noch Schüler am Beginn der Abschlussklasse! …

Aber weshalb langweile ich Sie? Vielleicht bin ich damals zum Philosophen geworden, ohne es zu wissen, ich begann mich mit der Sprache zu beschäftigen, Jahre später, und es fühlte sich alles sehr anders an. Mein gesamtes Bewusstsein hatte sich verändert, in gewisser Hinsicht begann ich wieder ganz von vorne, wie nochmals geboren. Ziemlich verrückt, oder? Ich ließ mich auch untersuchen, aber die schickten mich wieder weg, ließen mich mit meinem Elend allein. Offenbar war nichts festzustellen, und dabei war alles anders, grundlegend! Also was sollte ich tun, ohne Geist? Ich überließ mich der Intuition, musste die Existenz irgendwie meistern, studierte später auch Philosophie und ein wenig Psychologie, las Spirituelles, verdiente das notwendige Minimum an Geld und hoffte, mich in Zukunft irgendwann aus der Umklammerung meines negativen Systems lösen zu können. Die Jahrzehnte vergingen, vielleicht bin ich irgendwann zum Philosophen geworden, und jetzt sitze ich hier und schreibe.

2

Missbrauch. Ich verbrachte die Jahre zehn bis achtzehn meines Lebens im Internat, ahnte vieles und nahm aber nichts Konkretes wahr. Mir selbst widerfuhren nur ein paar Verhaltensandeutungen, die ich mit Bravour parierte. Etwaige Erfahrungen meiner Mitschüler und Kameraden wurden mit nicht mitgeteilt. Die Internatszeit ist sehr einprägsam, man wird zu Beginn wie ein Fisch in einen unbekannten Bottich kalten Wassers geworfen, man bewegt sich in der Fremde, ohne wirklich heimisch zu werden. Und über allem lastet auch ein Hauch von Nebel, der sich nicht durchdringen lässt. Man muss auf der Hut sein!

Das ungeschriebene, österreichische Nationalepos handelt von einem jungen, keltischen Adeligen, der vielleicht auch in seiner Kindheit missbraucht wurde. In der Zeit vor Christi Geburt, unternahm er mit Gefährten eine Reise nach Delphi, geriet dort in einen Hinterhalt und verlor einen Großteil seiner Getreuen. Als Held konnte er mit dieser Schmach nicht leben und nahm sich deshalb ebendieses. Immerhin hatte er Delphi und das Orakel vielleicht ergründen können! Böse Zungen behaupten dann noch eine Fortsetzung der Geschichte in einer zweiten, inoffiziellen Existenz. Der Adelige betrieb eine abgelegene Grube, ein Bergwerk, eine Saline, in welcher auf Menschenrechte nur in bedingtem Ausmaß geachtet wurde. Zugleich war er auch Wächter über ein nahegelegenes, weithin bekanntes Totenfeld und fungierte als Druide, Schamane und Weissager der Zukunft. Seine gesammelten Aussprüche bilden vielleicht bis heute das Rückgrat des kollektiven österreichischen Geistes, alles inoffiziell, versteht sich! Die Folgewirkungen dieser markanten Figur reichen sehr weit, bis etwa zu Joseph Conrads Erzählung *Das Herz der Finsternis*.

Überhaupt scheint die österreichische Geschichte mehr inoffiziellen Gehalten verpflichtet als dem, was man im Geschichtsunterricht erfährt, aber wer kann das schon beurteilen, wissen? Ich als jemand, der vom Informationsfluss weitestgehend abgeschnitten ist, sicherlich auch nicht! ... Römische Legionen werden unter Mithilfe germanischer Stämme aufgerieben, Wien brennt unter Attila, vielleicht durch Verrat, ein Massaker an nichts ahnenden Magyaren im Wienerwald, Brand, Blut, ein kollektives Opfer. Und in Wien wird dazu Wein getrunken!

Was hat es mit dem Missbrauch auf sich? Was ist der Kern, das Ding, wenn man es mit einem Wort festhalten möchte? Der Akt, richtig, aber Kant schreibt drei Kritiken und versucht sich des Aktes, so gut es geht, zu enthalten!

Vielleicht sollte man das Pferd von der anderen Seite aufzäumen, vielleicht sollte man die Wirklichkeit, die Realität kurz darzustellen versuchen, positiv, wie sie von Natur aus ohnedies sind! Was braucht man dazu? Gerechtigkeit in erster Linie, meine ich wohl! Das Vorhandensein von Dingen, Objekten, auch Worten, der Sprache setzt schon Gerechtigkeit voraus als innere Haltung, als Vorannahme, die sich nicht genau definieren, aber von natürlicher Seite her nachempfinden, wahrnehmen lässt, und das in gewisser Hinsicht kollektiv! Die Sprache kann nur existieren, wenn es auch Gerechtigkeit gibt. Die Gültigkeit der Sprache setzt Gerechtigkeit voraus, die objektive Welt wird prozesshaft von Gerechtigkeit durchdrungen. Und hinter allem steht die Natur. ... Es war also noch alles gut in Ovids Zeiten: *Aurea prima sata est aetas* (frei übersetzt: Das erste Zeitalter war ein goldenes) ...

Wie kommt es, wie kam es aber dann zum Missbrauch – angenommen, der Missbrauch ist das Grundübel, der Wirkung nach das Hauptproblem der Menschheit schlechthin? Die Zeit hält ein Türchen für ihn offen, eine Hintertür, und die öffnet sich, nachdem man sich von der Gerechtigkeit abgewendet hatte, weil man etwa kleinkarierte Alltagsereignisse über die natürliche Empfindung stellte. Die Welt ist ungerecht, weiß man und verwechselt oder vermischt dabei Außen und Innen, Kollektives und Subjektives – die Lüge ist geboren!

Aber so einfach kann man sich das wohl auch nicht machen, es ist schon alles recht kompliziert! Und ich persönlich habe den Missbrauch gar nicht empfunden, weiß also nichts, kann gar nichts wissen, wurde aber mit der Nase so lange auf die Thematik gedrückt, bis ich sie mir zu eigen machte. Er ist schon eine grundlegende Ungerechtigkeit, etwas, an dem man mit einigermaßen natürlichem Empfinden nicht so einfach vorbeigehen kann, wo man sich beinahe verpflichtet fühlt, zumindest innerlich Stellung zu nehmen, etwas, das in der Gemeinschaft einfach keinen Platz haben darf oder sollte! Oder etwa nicht? Und dabei ist der Missbrauch alles andere als einfach zu beschreiben, abgesehen vom platten Akt, kann nicht einmal richtig gegriffen werden kognitiv, was es den Tätern andererseits leichter macht, im Schatten zu verschwinden! Es gibt kein zentral treffendes Wort, das die Ungeheuerlichkeit ein für alle Mal aufdeckt, das es unmöglich machen würde, so etwas fortzusetzen, nachdem es einmal benannt ist! Man kann nur Schlieren zu beschreiben versuchen, welche im künstlichen Licht geheimnisvoll schimmern, perlmuttartige Versuchungen sind. Man kann nur einzelnen Strängen nachgehen von der Sprache her, so weit die Ratio, die Vernunft reicht, und dann trifft man irgendwann auf einen Wirbel oder einen Strudel flüssiger oder gasförmiger, psychischer Inhalte, Versatzstücke, die von allen Negativen der Welt zu einem System zu vereinigen versucht wurden und werden, was noch nie geglückt ist, weil Irrationales nun mal kein System ergibt! Die Lüge verdirbt alles, aus Sicht der Negativität, aber ohne die Möglichkeit der Lüge gäbe es auch keinen Missbrauch!

Und man müsste zwischen zwei Arten der Lüge unterscheiden: unterhalb und oberhalb der Sprache. Dinge, Objekte, ja die gesamte Kultur mögen in geringem Ausmaß zurecht der Lüge bezichtigt werden können, da sie zumindest ungenau sind. Das menschliche Kollektiv, wie durch die Sprache repräsentiert, entspricht nicht der tatsächlichen Ausprägung der jeweils vorhandenen, konkreten Natur. Hier gibt es eine systematische Abweichung, die sich aber im Rahmen hält, und der springende Punkt ist, trotz der Kollektivität mit der Natur einigermaßen gut auszukommen.

Aber die andere Sache, die andere Seite der Lüge bezieht sich direkt auf Menschen, Menschen, die durch die Sprache miteinander verbunden sind, immer schon, darauf bezieht sich irgendwie auch die Definition des Wortes Mensch! Und die Sprache kann ich auch manipulieren als Negativer, wenn ich die Absicht dazu habe und einen Grund sehe, der das vielleicht erfordert. Die Folge ist dann aber reziprok, und dessen muss ich mir als Negativer auch bewusst sein! Was ich außen anrichte, schadet mir vielleicht in noch größerem Ausmaß zumindest innerlich selbst! Die Sprache ist nicht unilateral, sondern orientiert sich nach allen Seiten, und ich bin auch selbst Teil des Wirkungsspektrums. Menschen oberhalb der Sprache anzugreifen bedeutet, sich selbst mit zu verletzen! Verleumdung enthebt mich genauso des Anspruchs der eigenen Wahrheit wie mein Opfer. Durch die Lüge wird ein Mensch rechtlos in Bezug auf seine Wahrheit, objektiv und subjektiv! Oberhalb der Sprache sind die Menschen enger miteinander verbunden als darunter, scheinbar, offensichtlich! Und die Wahrheit ist ein hohes Gut, die Übereinstimmung von Worten und Bezeichnetem. Sich selbst der Wahrheit zu berauben heißt, sich die Perspektive auf einen Sinn, ein Ziel des Lebens zu verstellen! Aber was tut man offenbar nicht alles, um eine Gewohnheit fortzuführen, um negativen Rollenbildern, der Gewalt der Dämonen des Missbrauchs zu entsprechen!

3

Es gibt ein paar Worte, deren Gehalt sich vom Außen zum Innen unterscheidet, wie zum Beispiel Freiheit. Dann fühlt man sich vielleicht entgegen den Gepflogenheiten der Zeit herausgefordert, der gehaltvolleren Seite eines Wortes nachzugehen, wie etwa: Das Nichts bedeutet, ein Mensch ist frei von innerer Intention. ... Vielleicht sollte ich hier dazusagen, dass ich über Jahre den Splen verfolgte, Inhalte in Sätzen von siebzehn Silben auszudrücken ähnlich der Lyrik des japanischen Haiku, wobei die Sätze mehr vom Unterbewusstsein her entstanden und weniger aktiv gebildet wurden. Obiges Zitat ist einer davon. Dieser Rahmen gibt mir eine gewisse Sicherheit, aber wie Albert der Große formulierte, ist alles relativ ... Ein anderes Wort wäre etwa Wahrheit, das seinen vollen Gehalt nur im Innern erreichen kann und nicht objektiv oder kollektiv, und ein weiteres wäre dann auch der Tod. Dieser ist außen eine feststellbare, beinahe absolut anmutende Tatsache, innen kann er aber durchaus einen Prozess bedeuten, der außen wiederum nicht wahrnehmbar ist, und darüber hinaus kann sich der Gehalt oder die Gültigkeit des Todes auch abstufen, relativieren. Tod muss nicht das Ende des Lebens bedeuten und kann oder darf doch als Wort verwendet werden. Unter Umständen könnte sogar eine sexuelle Erfahrung, ein Erlebnis mit dem Tod assoziiert werden.

Was ist also der Gehalt des Todes? Eine Hauptkomponente besteht wohl darin, dass die Zeit zu einem Ende kommt. Man könnte behaupten, die Zeit verdirbt ein unverstelltes Verhältnis des Menschen zur Natur und ein Ende der Zeit führt das menschliche Bewusstsein ein Stückchen näher an die Natur heran. Wenn man sich ein wenig in die Thematik von Nahtoderfahrungen vertieft, taucht als Folgewirkung solcher Erlebnisse, sofern sie authentisch sind, oftmals eine Offenheit für allgemeine Themen der Natur, auch der Spiritualität auf, eine Verminderung der Furcht vor dem Tod. Und dabei haben diese Menschen beinahe den Tod erfahren, konnten ihm schon beinahe die Hand reichen, wurden aber an irgendeiner Grenze zurückgewiesen, mussten sich wieder in ihren von Krankheit oder einem Unfall schmerzenden Körper zurückzwängen, in die Grobheit und Ungeschlachtheit unseres normalen Alltagsbewusstseins. Und meist brauchen sie dann länger, sich von diesem Wechsel des Bewusstseins zu erholen als von ihrer körperlichen Unbill. Es kann schwieriger sein, sein Leben vielleicht ein wenig anders auszurichten, als körperlich zu gesunden! … Wer weiß schon, was *richtig* ist?

Aber man muss wahrscheinlich nicht beim Tod anklopfen, um etwas über ihn zu erfahren, eine gewisse Ahnung trägt wohl jeder von uns in persönlicher Art auch in sich! Zum Beispiel fürchten sich die meisten Menschen nicht vor dem Tod als Ende des Lebens an sich, sondern vielleicht vor unangenehmen oder misslichen Umständen dabei, Schmerzen, vielleicht einer gewissen Hilflosigkeit, Einsamkeit und so fort.

Ich kann den Tod seit meiner Erfahrung in der achten Schulklasse etwa auch mit einem weiteren Anfang des Interesses konnotieren, der mich in gewisser Hinsicht zwang, wieder von vorne anzufangen, nämlich im Hinblick auf die Sprache. Ich hatte nichts verlernt, im Gegenteil, ich wurde mit der Lateinschularbeit noch früher fertig als vorher, aber die Begriffe schienen sich in meiner Muttersprache vielleicht ein wenig gedreht zu haben, zum Teil, und es fühlte sich alles fremdartig an, sodass ich die Schneid meiner Formulierkunst, die mich zur Nummer eins bei Deutschaufsätzen gemacht hatte, aus eigener Sicht vollkommen einbüßte. Ich schrieb nur noch langweilig an einem fadenlosen Inhalt dahin, der mir selbst nicht rezeptionswürdig erschien. Was war geschehen? Der Tod hatte wohl seinen Tribut gefordert! Heute würde ich sagen, ich bin wohl meines Geistes verlustig gegangen. Der Geist hat sich gemeinsam mit dem Unbewussten aufgelöst, den auf die Sprache bezogenen Emotionen Angst und Stolz. Mit dem Stolz hatte ich bis zuletzt zu kämpfen gehabt, er ist der letzte kognitive Inhalt, an den ich mich vor dieser Veränderung erinnere.

Der Tod als Anfang, als Neuanfang und nicht nur als Ende des Lebens. Und man könnte wohl sagen, Anfang bedeutet, dass etwas mit einem Wort versehen wird. Womit wir wieder bei der Sprache wären! Das Ich ist eine Funktionsleistung der Sprache für die Person. Person ist ein Mensch im Bezug auf die Sprache, aktiv und passiv. Person ist die kollektive Ausstattung des Menschen durch die Sprache und er kann oder muss sich mehr oder weniger darüber Rechenschaft ablegen, im Konkreten, versteht sich! Das wäre dann etwa der Sinngehalt von Wahrheit, die inneren Repräsentationen von Erfahrungen und Erlebnissen, auch Gefühlen etc. einigermaßen korrekt zu benennen, zu Deutsch: die Erinnerung. Und am nächsten käme man der Wahrheit, wenn man eigene Entscheidungen oder verantwortliches Handeln korrekt wiedergibt. Dadurch wird übrigens auch die Zeit eingeengt! Das Ich wäre die Summe aller wahren und fiktiven Sätze, über die eine Person verfügt. Es wäre räumlich knapp unterhalb der Sprache vorstellbar wie eine flexible Kapsel, die einerseits den Überblick über die gesamte Objektwelt und etwa auch den Bereich der Emotionen hat, andererseits aber nicht den Durchblick durch die räumliche Schichte der Sprache selbst inklusive aller Inhalte und Gehalte. Aber jenseits der Sprachschichte, an deren Oberseite, würde ein Pendant zum Ich warten, das als kollektiv angenommen wird: das Sein. Wie bei einem amerikanischen Bomber des zweiten Weltkriegs, es gibt eine MG-Kapsel an der Unterseite und vielleicht auch einen Ausguck mit MG darüber. Eine fliegende Festung eben! Der Unterschied wäre nur, dass das Ich selbst nicht aktiv wird oder ist, ebenso wenig wie auch das Sein. Das Ich beleuchtet nur Inhalte des Bewusstseins, und das Sein ist deren Summe, persönlich und individuell. Und um dahin zu kommen, müsste man die Sprache durchqueren, wodurch der eigene Geist kollektiv wird. Jeder Mensch macht das wohl mehrmals des Tages, ist sich dessen aber vielleicht nicht immer bewusst!

Das Sein umfasst die gesamte Horizontalität der Sprachschichte und stellt damit eine Verbindung zwischen meinem Bewusstsein, meinem Innern und dem Außen her, dem spezifisch menschlichen Kollektiv, wie es durch Sprache und Kultur repräsentiert wird. Ich muss, und darin ist vielleicht ein kleiner Zwang enthalten, die Sprache akzeptieren, indem ich sie lerne und mich damit auseinandersetze, auch für den eigenen Ausdruck. Die Sprache strukturiert mein Bewusstsein, mein Inneres und verlangt damit implizit eine Gleichstellung anderer Personen, für die der Annahme nach dasselbe gilt. Auch der andere verwendet beispielsweise das Ich, um sich selbst zu bezeichnen! Und diese kulturvermittelte Breite besonders der Sprache könnte man sich als Horizontalität vorstellen, dann aber nicht nur in Bezug auf Zeitgenossen: die Geschichte erzeugt den Eindruck einer – geringen – Räumlichkeit, welche wohl durch den Geist ausgenutzt wird! Die Ebene wird gleichsam auch durch andere Menschen bevölkert, und diese bilden gemeinsam das Kollektiv.

Die Verbundenheit der Menschen untereinander durch die Sprache hat, man glaubt es nicht, durchaus auch positive Seiten: Die Sprache kann helfen, wenn ihr nicht Stolz und Angst, also das Unbewusste, entgegenstehen.

Sein in Reinform würde die Sprache transparent machen, und ein Einzelner könnte sich dann am Schatz der Kultur anhand der Sprache bedienen – natürlich nicht wörtlich gemeint! Der Geist und das Unbewusste versuchen dem jedoch wohl entgegenzuwirken und so entwickelt das Ich vielleicht die Tendenz zu einem gewissen Isolationismus, ohne selbst aktiv ins Geschehen eingreifen zu können.

Aus ein wenig veränderter Perspektive: Man unternimmt von klein auf vielfältige Anstrengungen, sich mit der Sprache und der Kultur zu beschäftigen, sie sich anzueignen. Meist gibt es für diese Versuche und Tätigkeiten gar keine eigene Bezeichnung, sie bilden jedoch gemeinsam den Sockel für die wahrnehmbare Anwendung der Sprache. Ich könnte etwa eigensinnig behaupten: Logik ist die Arbeit des Kindes, mit der Sprache umzugehen. Natürlich gibt es dabei kleine Unterschiede zwischen den Personen, aber die Sprache selbst ist ja einigermaßen geregelt über Grammatik und Rechtschreibung. Dennoch würde ich das Erlernen der Sprache weniger als eine Form der Gleichmacherei auffassen als vielmehr eine leichte Form der Gewalt gegenüber der Natur, der das Kollektiv der Sprache nicht in ausreichender Weise entgegenkommt, bisher offensichtlich zumindest! Und um mir die Sprache aneignen zu können, muss ich auch zu verstehen versuchen, was damit gemeint ist, was die Laute und Äußerungen, die Worte bedeuten. Und genau hier, an diesem Punkt des Verstehens setzt potenziell die Negativität ein! Ich habe ein seltsames Sätzchen mit 17

Silben gefunden, das trotz scheinbarer Paradoxie hier passen könnte: Verständnis und Gewalt sind Formen des menschlichen Urgefühls Angst. Unverständlich zunächst, was haben Verständnis und Gewalt miteinander zu tun? Aber dieses Naheverhältnis zueinander in der Psyche auch im Dunstkreis eines leichten Zwanges zur Aneignung der Kulturinhalte könnte eine Verweigerungshaltung bewirken, einen Trotz, die Sprache so zu akzeptieren, wie sie ist, eine Auffassung der Sprache als unkontrollierbares oder beliebiges Produkt des Kollektivs, das meiner Persönlichkeit oder meinen Bedürfnissen nicht ausreichend entspricht! Die Sprache als allgemeinstes Kulturprodukt wird dann zu einer lästigen Marginalität, zu etwas Kontingentem, Zufälligen, dem wenig allgemeine Aussagekraft zukommt; ein Fetzen, den man benutzt und ins Eck wirft!

Aus noch ein wenig anderer Perspektive: Das Wort ich fungiert als Bindeglied zwischen meiner Person und dem Kollektiv, was übrigens bewirkt, dass das Ich mehr eine Außenperspektive meiner selbst darstellt. Ich kann das Ich in dieser Hinsicht weniger kontrollieren, weil es die Summe des wahrgenommenen Sprachgebrauchs enthält, aktiv und passiv, und noch dazu fiktive, nur vorgestellte Gedanken. Das Ich, so paradox das klingt, vermittelt mir in erster Linie ein Bild über mich, das ich mir anhand der Sprache sozusagen zusammenreime. Und eine mögliche Erfahrung, die meine Person gemacht haben könnte, könnte mit dem Tod auf negative Art und Weise assoziiert werden: der Missbrauch. Mein Ich hat den Tod erfahren, und das hat alles schlagartig und nachhaltig verändert! Und durch die Dauerhaftigkeit der Sprache, der Worte besteht keine Aussicht, mich davon befreien zu können! Ich habe keine Lust, mich zwingen zu lassen andere zu verstehen, wenn mein Ich selbst nachhaltig beschädigt ist! Die Verbindung zu anderen über die Sprache kann nur vorgeschützt, unecht sein, wenn nicht gar unehrlich gemeint! Das Ganze ist letztlich eine einzige, große Lüge! Und ich muss versuchen, mich in einem negativ getönten Universum zu behaupten, mich irgendwie durchzusetzen! Ich will ja nicht sterben, der echte, der endgültige Tod ist ja einstweilen noch nicht Sache, aber irgendwie wurde mir andererseits das Leben geraubt, fühlt es sich beinahe an wie scheintot, ausgetrocknet, leer! Es zielt alles nur noch auf Dauerhaftigkeit hin, auf eine abstrahierte Gleichheit und Gleichmacherei von allem, das Lebendige wird implizit zu einem Feindbild! Die Sprache stellt zwar eine Verbundenheit dar, aber ich möchte lieber allein sein! Ich wurde belogen und tätlich angegriffen und kann die Gültigkeit des Seins nicht akzeptieren! Wo, bitte, ist denn da noch Gerechtigkeit? Am Ende muss ich auch noch alles für mich behalten, verschweigen, meine Innenwelt wird desintegriert, ich möchte aus der Haut fahren! Die Wahrhaftigkeit des Seins kann doch bestenfalls lächerlich sein, ich zimmere mir lieber meine eigenen sprachlichen Inhalte zusammen!

Ein weiterer Aspekt der Thematik: Wenn das Sein nicht als gültig anerkannt wird, wird das Ich zum Opfer. Und hier zeigt sich eine Ambivalenz: Opfer ist, wer es sein will;

das Opfer ist stärker als der/die Täter. Aber in gewisser Weise ist es für einen, sagen wir mal, zaghaften Geist einfacher, sich mit den Tätern zu identifizieren als mit einem Opfer. Opfer sein ist zumindest unangenehm, vielleicht schmerzhaft, offensichtlich benachteiligt und, wer weiß, vielleicht wird man die Opferrolle auch nicht mehr los! Und für ein negatives Denken ist gleich die Sprache als ganze schuld, Ursache der Negativität ist laut den Tätern die Sprache! Es ist nur ein kurzer Weg vom Opfer zum Täter, auch wenn vielleicht Jahre dazwischenliegen! Und es erfordert Mut ein Opfer zu sein, die Dauer trotz Belastung in sein Leben zu integrieren! Ein Täter generiert scheinbar Dauer, vornehmlich an Menschen, ein Opfer akzeptiert Dauer, auch wenn diese letztlich eine Täuschung oder zumindest relativ ist. Aber trotz allem lässt sich in Bezug auf den äußersten Rahmen der Natur festhalten, dass der Täter mehr Opfer ist oder wird, und zwar seinem eigenen Missverständnis nach! Der eigene Schadensanteil der Destruktivität ist und bleibt größer als der nach außen bewirkte. Und daraus ergibt sich dann ein weiterer kleiner, aber feiner Unterschied zwischen Täter und Opfer: Ein Täter handelt irrational, ein Opfer rational. Das Wort „irrational" lässt sich am besten mit Lüge übersetzen, dem Bindemittel der Destruktivität und Negativität, des Missbrauchs und auch des Verrats.

4

Um noch ein wenig bei der Sprache zu verweilen, stellen wir sie uns einfach als zentrale Schichte des menschlichen Bewusstseins vor, das vertikal aufgefächert ist. Es gibt verschiedene Ansätze in den Kulturen, der Spiritualität, das Bewusstsein einzuteilen, auch unter anderen Bezeichnungen oder Namen, und unter anderem wird dabei häufig die Zahl sieben verwendet: sieben Chakren des indischen Yoga, sieben Kammern der *inneren Burg*, deren Vorläufer aus dem islamischen Kulturkreis stammt, sieben Ebenen, auf denen die zehn Sefirot der jüdischen Kabbala angeordnet sein können, sieben Körper (sharira) als feinstoffliche Symbolisierung des Bewusstseins usf. Inspiriert von solchen Modellen könnte man sich quasi Pi-mal-Daumen ein eigenes Verständnismodell des Bewusstseins konstruieren, in dem die Sprache die vierte und zentrale Schichte darstellt, räumlich selbstverständlich, in seiner Ausdehnung aber hauptsächlich horizontal, eine Anordnung von Begriffen in einem Bewusstseinsraum vergleichbar der Tiefe des Nachthimmels, wobei die Sterne Begriffe und Worte vertreten, die miteinander in Beziehung stehen oder treten können. Die gedachten Beziehungslinien zwischen Begriffen ermöglichen dann einigermaßen grob auch Verständnis innerhalb der Gehalte und Bedeutungen der Sprache selbst.

Die anderen Schichten, nur der Vollständigkeit halber skizziert, wären der Körper oder die physische Natur insgesamt in ihrer gesamten, unendlichen Ausdehnung; die Schichte der inneren Empfindungen und Wahrnehmungen, also der Gefühle und nach dem Prozess der Reflexion an der Sprache auch der Emotionen; die Schichte der benannten, also durch die Sprache abgrenzbaren Dinge, die gesamte äußere Welt, soweit sie verhandelbar ist, auch als Besitz oder Eigentum aufgefasst werden kann, die Welt der Objekte inklusive meiner Selbstauffassung als Subjekt, die Welt der Künstlichkeit schlechthin; die Sprache als gleichsam oberstes Erzeugnis der Kultur und Ausgangspunkt deren Benennung und Einteilung, im Hinblick auf künstliche Erzeugnisse auch in Interaktion mit denselben; der Bereich, den man nach dem Transzendieren der kollektiven Sprachschichte betritt und der zugleich auch die ursprüngliche Wahrnehmung darstellt, den Bereich von Wahrheit und Wirklichkeit, des Seins, aber auch der Transzendenz, möglicher außergewöhnlicher Bewusstseinserfahrungen, der Bereich der Verantwortung für Entscheidungen, der Ethik und des bewussten Handelns, soweit es etwa andere Menschen oder auch die Natur betrifft, der Bereich, der mit dem alten Wort Seele bezeichnet werden könnte, wenn er aktiviert ist, oder mit dem neueren Wort der Individualität, der inneren Einheit, wie sie nur von der Natur getragen werden kann und wie sie auf das Selbst verweist, welches dann die gleichsam dazugehörige oder umgekehrt zugrundeliegende sechste Schichte darstellt; das Selbst als innere, natürliche

Ausstattung einer Person, eines Menschen, der die Kultur verinnerlicht hat, und zugleich die Grundlage, seine persönliche oder individuelle Fähigkeit dazu, das Selbst, in dem auch die anderen ihren Platz haben, das Spannungsfeld zwischen mir und anderen in persönlicher und weniger in objektiver Art, umgeben oder getragen nur noch von der Natur. Zusammengenommen stellen Selbst und vor allem Seele meiner Ansicht nach auch den angestammten Raum der Spiritualität und Religion dar, die hier eine Gemeinschaft bilden, ein wenig den kollektiven Geist symbolisieren, der durch das Durchqueren der Sprache von unten her entstand, und die dann wiederum rückwirkend auf den objektiven Raum hin etwa ethische Sätze formulieren können und so fort. Und schließlich das Nichts oder die reine, innere Natur, die vom Verstand her nicht mehr erkennbar ist, die ein Ende der persönlichen Zeit erfordert, um nach dem Prozess der Enkulturation wieder erkennbar zu werden, wodurch nichts gewonnen wird, außer dass geistige Verzerrungen oder Schieflagen verloren gehen.

Die Sprache als zentrale Schichte ermöglicht also, räumlich angenommen, ein „oberhalb“ und „unterhalb“, wobei man ein wenig paradox postulieren kann, dass die eigentlichen Werte sich auf Worte und Begriffe oberhalb der Sprache beziehen. Nicht zuletzt durch das Mitwirken und die Hinterlistigkeit einer als kollektiv angenommenen und quasi mathematisch strukturierten Zeit wurden Werte offenbar dann auf Objekte übertragen und diese somit zu Zankäpfeln subjektiver Interessen, welche wiederum später durch die Ordnung einer Gesetzgebung geschützt werden mussten. Ein Missverständnis also scheinbar, das mit zur geläufigen Beschaffenheit der Welt beitrug, ausgelöst durch das Kollektivitätsmerkmal der Zeit, das sich vielleicht gerne mit jenem der Sprache vergleichen würde, was es aber nicht in derselben Art kann!

Und oberhalb der Sprache wäre meiner Meinung nach auch der Sitz des Bewusstseins schlechthin, nicht nur der natürlichen Entstehung nach seit der Geburt oder etwa auch schon vorher gleichsam als Endpunkt von Wahrnehmungsakten, welche noch der Sprache zur Explikation harren, sondern auch in ethischer Hinsicht. Wahrnehmung als natürlicher Sinn verfügt auch über ein Naheverhältnis zu dem, was später als Ethik abgegrenzt und umrissen wird, einfach deshalb, weil sie zunächst noch eine unverstellt natürliche Qualität aufweist. Das Bewusstsein umfasst all diese sieben Schichten und lässt sich auch noch selbst unterteilen in Wachbewusstsein, Schlaf, Tiefschlaf mit Geist oder ohne, oder anders in Bewusstsein, Unterbewusstsein und Unbewusstes, wobei auch noch Wortbildungen wie „vorbewusst" möglich sind – eine theoretische Betrachtung von etwas, das zutiefst basal und grundlegend für alle Lebensprozesse ist. Auch das Wort Leben könnte in menschlicher Perspektive etwa als Kunstterminus in der fünften oder sechsten Schichte platziert werden, wobei dieses selbstverständlich nicht identisch ist mit dem Bewusstsein! Andererseits könnte meiner persönlichen Ansicht nach wohl beinahe eine Identität zwischen den Worten Bewusstsein und Psyche behauptet werden, aber das gehört wohl hauptsächlich ins Fachgebiet der Psychologie.

Und das Bewusstsein wird durch die Sprache quasi von unten her strukturiert. Man merkt sich etwas erst gedächtnishaft, wenn es durch das Etikett eines Wortes dauerhaft gemacht wird. Ich bin entwicklungspsychologisch zwar nicht so versiert, aber ich denke, das Gedächtnis nimmt erst nach dem Erlernen der Sprache allmählich seine Funktion auf. Ein normales, erwachsenes Bewusstsein ist jedenfalls ohne Strukturierung durch die Sprache nicht vorstellbar, ähnlich wie ein Zelt ein Gestänge braucht, um seinen Innenraum aufspannen zu können. Die Sprache strukturiert das Bewusstsein, bezeichnet, so weit dazu Begriffe vorhanden sind, dessen Strukturen und vor allem aber auch dessen Inhalte, ermöglicht das Denken und generiert gleichsam auch Vorstellungen, welche Inhalte zusammenfügen.

Und hier kommt es zu einer feinen Abstufung. Das Ganze ist die Summe eines Kollektivs und könnte beispielsweise als Repräsentation der Welt aufgefasst werden. Die Annahme eines Ganzen im Bewusstsein beruht aber auf der Annahme einer Übereinstimmung des Geistes von Person zu Person, was in der Praxis ja nicht zutreffend sein kann! Der Begriff Intersubjektivität ist vielleicht auf die Sprache anwendbar, aber nicht auf die Repräsentation des Ganzen schlechthin. Und dennoch lässt sich das Bewusstsein nur als ein Ganzes verstehen, sonst wäre es dysfunktional oder nicht kultureller Bestandteil einer natürlichen Grundlage oder eines

34

natürlichen Hintergrunds. Den feinen Unterschied macht hier der Geist aus, der oberhalb der Sprache Allüren eines Kollektivs annimmt, einfach nur deshalb, weil er zuvor die Sprache durchquert hat! Und vom Geist ist es auch leichter verständlich, dass er das Ganze fragmentiert, aufsplittert und in die Objektwelt übertragen will, sein angestammtes Gebiet. Das Bewusstsein ist aber nicht teilbar, sonst wäre es tot, und die Sprache hat eher verbindende als trennende Funktion, auch wenn die einzelnen Worte gleichsam scharf erkennbare Konturen um Gegenstände ziehen können.

Sie sehen schon, ich verfolge hier eine Absicht, ich möchte zeigen, dass die zentrale Sprachschicht und der Bereich darüber Bedeutung haben, was aus der Perspektive der Negativität, sagen wir, gerne negiert wird! Die Negativität reicht nur bis zur Sprache als Decke oder Deckel der Welt und darüber werden bestenfalls noch ein paar Ideen postuliert. Die Sprache entzieht sich hier der menschlichen Verfügung, wird als Autorität aufgefasst, und Geschichten bestimmen das Leben. Man glaubt letztlich sich selbst nicht mehr, seinen Gefühlen, seinem Denken, seinen Vorstellungen. Alles ist subjektiv als Gegenpol zum Objektiven, einer unvermeidlichen Realität!

Wie wir gerade gesehen haben, ist dem nicht so! Die Sprache ist nur deshalb eine leicht negative Kulturinstanz, weil Missbrauch existiert, der wiederum einen Geist hervorrief in unvordenklichen Zeiten der menschlichen Entwicklung, der wiederum Unbewusstes erzeugt, was zusammen das Bewusstsein beeinträchtigt. Die Sprache selbst wäre neutral, transparent, würde Auskunft geben über ihre Inhalte! Auch Vorstellungen etwa sind besser als ihr Ruf, von Subjektivem und Persönlichem verfälscht zu werden! Die Vorstellung fügt zusammen, was ist, und arbeitet damit ein Stück weit dem Geist entgegen, dessen Tendenz in Aufspaltung besteht. Vorstellungen sind natürliche Vergleichsprozesse unter Einbeziehung des Gedächtnisses, die als Teil des Verstandes arbeiten gemeinsam mit dem kognitiven Denken. Ein Geist-loses Bewusstsein könnte Vorstellungen schätzen, weil sie Spuren zur Natur legen und selbst vor einem natürlichen Hintergrund aufscheinen können.

Also noch einmal, hier soll lediglich darauf hingewiesen werden, dass die Sprache selbst und die damit verbundenen Strukturen der Innenwelt wie etwa das Bewusstsein, aber auch die Funktionen der Vorstellung und des Denkens als positiv aufgefasst werden können. Das Denken ist an sich eine natürliche Bewegung des Bewusstseins, allerdings mit zum Teil künstlichen oder abstrakten oder zumindest als objektiv betrachteten Inhalten. Die kulturelle Ausstattung, die man von klein auf internalisiert, ist an sich noch nicht negativ oder auch nur bedrohlich! Die horizontale Breite als Symbol einer mehr oder weniger gleichzeitigen Anordnung von Entitäten, die in irgendeiner Form Wirksamkeit oder Bedeutung für mein oder in meinem Bewusstsein haben, lässt im Prinzip die ganze Bandbreite von Deutungen oder emotionalen Interpretationen zu von sehr negativ bis extrem positiv, muss aber von der Grundtönung her durchaus nicht als negativ vorausgesetzt werden, sondern könnte auch einen etwa leicht positiven Rahmen oder Sockel darstellen, auf dem ich mich in meinem Alltag bewege! Es käme dann in erster Linie auf meine Hintergrundeinstellung zur Natur an, wie ich das Bewusstsein und seine Inhalte interpretiere!

5

Aber ein Element der Innenwelt, eine Struktur kann sich als potenziell brisant erweisen, im Extremfall gleichsam schneidend innere Verletzungen verursachen, alles rein metaphorisch, selbstverständlich: die Zeit. Sie könnte wie eine scharfkantige Metallstruktur vorgestellt werden, fühlt sich aber größtenteils, Gott sei Dank, sanft an wie der Winterpelz eines Karakulschafes. Wie kommt es dazu?

Um die vorherigen Gedankengänge weiterzuverfolgen, der Endpunkt der zunächst, sagen wir, von Geburt an, unverstellten Wahrnehmung findet sich in der fünften oder sechsten Bewusstseinsschichte, die zugleich auch Umschlagplatz und Ausgang der Ethik, also des Handelns ist. Mit der Rezeption der Sprache müsste sich dann irgendwie auch ein Gefühl der Dauerhaftigkeit bilden, deren Einzeleinheit gerade jetzt, aber auch in die

Vergangenheit und Zukunft hin, die Zeit darstellt. Und diese kann dann quasi als Begleiterscheinung meiner tatsächlichen Empfindungen und Wahrnehmungen aufgefasst werden, als kollektive, künstlich geformte Struktur, die meine natürlichen Empfindungsqualitäten umfasst und auch dazu ermächtigt wird, diese auf mathematische Art zu skalieren. „Umfasst" ist dabei nicht ganz richtig, denn meine Wahrnehmung würde, darf ich wohl annehmen, auch ohne den theoretischen Beigeschmack der Zeit „funktionieren". Die Zeit als ständigen Begleiter akzeptiere ich aber wahrscheinlich erst, nachdem die Innenrepräsentation der Sprache und der Außenwelt ein gewisses Niveau erreicht hat.

Und die Konstitution der Zeit selbst könnte in der Vorstellung ein wenig die Anmutung eines gewissen Zwanges mit sich haben: Zeit bedeutet, ich bin als Person dem Kollektiv ausgeliefert, vornehmlich und paradigmatisch exemplarisch dem sprachlichen Kollektiv, oder anders formuliert, die Zeit ist der Zwang der Auslieferung an die Kollektivität. Nun bin ich aber als Mensch per definitionem mit dem die Kultur generierenden oder generiert habenden Kollektiv verbunden, weil das Kulturhafte nun mal einen Teil meiner Innenwelt, einen wesentlichen Teil meines Bewusstseins bildet! Es macht mich als Menschen aus, auf menschenhafte Art mit Kollektiven verbunden zu sein, ohne mir im Einzelnen elementar darüber Rechenschaft ablegen zu müssen! Ich muss nicht die Atome der Verbindung analysieren können, um kollektive Strukturen wie etwa die Sprache nutzen zu können! Im Fall der Sprache würde die Anbindung einer Einzelperson durch das Wort „ich" geleistet, und wenn dieses über die Sprache hinaus überhöht wird, kommt der Geist zur Wirksamkeit, welcher wiederum wie ein Nebel um die vertikale Struktur der Zeit herumwabert in einem Bereich, wo er an sich nichts verloren hat, weil er hauptsächlich der Innenrepräsentation der Objektwelt entspricht. Und die Zeit zieht sich dann – spekulativ vorgestellt – ebenfalls wie eine Metallstruktur durch den Bereich der Sprache hindurch in den Raum der Objektwelt hinein und sogar noch weiter hin bis in die Schichte der Emotionen und Gefühle. Ihren angestammten Bereich hätte die Zeit in der Welt, von der sie, wenn sie einmal verstanden ist, in den Zentralbereich des Bewusstseins, der Wahrnehmung und auch der Ethik hineinragt, um dann wieder in oder am Rande ihres eigentlichen Bereichs als Skalierung Platz zu nehmen. Und der Anmutung nach ist die Zeit im Bewusstsein paradoxerweise wohl eher ein Gefühl als ein Gedanke!

Also, wie kommt es dazu, dass unter allen anerkannten Begriffen im Feld der Anthropologie scheinbar nur die Zeit eine zumindest potenziell problematische Struktur aufweist? Es klingt sicherlich nicht nur ein wenig überheblich, die Genese der Zeit darstellen oder kritisieren zu wollen, und außerdem bietet sich dazu kein einheitlicher Zugang an! Man kann sich dem Phänomen Zeit von verschiedenen Seiten oder Perspektiven aus nähern je nach dem Bedürfnis oder dem Inhalt, den man dabei verfolgt. Hier geht es unter anderem um den Missbrauch, und wie lassen sich diese beiden Begriffe miteinander verbinden? Zeit ist die einzige Konvention, die den Missbrauch miteinschließt, oder in der Struktur der Zeit begegnen einander Missbrauch und Leben. Weitaus positiver könnte man eine Idee der Zeit auch so fassen: Zeit ist ein ewiges Kreisen um den einen Punkt der Vererbung. Womit zumindest eine Thematik abgesteckt wird! Und wenn man dann noch ungewöhnliche Bewusstseinserlebnisse hinzufügt, ist genügend Ambivalenz vorhanden, um auch ins Negative abgleiten zu können: Missbrauch beruht auf Transzendenzerfahrung und der Lüge der Zeit.

Man könnte auch versuchen, sich zögerlich von einer anderen Seite anzupirschen, indem man sich den mathematisch-strukturellen Hintergrund der Zeit kurz vor Augen hält. Die Struktur der Mathematik nimmt ihren Ausgang wohl von der Objektwelt her und wird dann von der Sprache wiederum reflektiert, wodurch es zu verfestigten Ergebnissen kommt, die als Grundlage für Weiteres genommen werden können. Die Umkehr oder Reflexion an der Sprache von unten her ist korrektes Abbild des Kollektivitätsanspruchs, bewirkt aber, dass der Raum der Transzendenz, Sitz des Bewusstseins und der Ethik gar nicht erreicht wird. Die Mathematik wird damit zu einem adäquaten Repräsentanten des Bereichs, den sie vertritt oder zu beschreiben beansprucht, nämlich der objektiven Welt, und, verinnerlicht, auch der Welt an sich,

40

nämlich deren Repräsentation im persönlichen Bewusstsein. „Beschreiben" eben mit Zahlen und Formeln. Man könnte sich sogar vorstellen, mit dem Wort Realität über Zahlen, Daten und Fakten auch die Mathematik zu assoziieren! Aber dann sollte man von der Realität auch die Wirklichkeit unterscheiden als persönliche Sprachgrundlage, die etwa im verantwortlichen Handeln zum Ausdruck kommt! Diese gehört in die fünfte Bewusstseinsschicht, jene in die dritte. Und dazwischen liegt die Sprache, die auch mal als Spiegel funktioniert, an dem reflektiert wird. Wie gesagt, für ein Kollektiv ist das adäquat, und die Gültigkeit der Mathematik muss nun mal allgemein nachprüfbar sein! Aber das Kollektiv der Menschen ist auch eine Ansammlung von Wesen, die einen Geist besitzen, und dann mutet auch eine kollektive Gültigkeit in gewisser Hinsicht ein wenig beliebig an! Der Geist selbst scheint immer auf der Flucht zu sein, was man der Mathematik an sich nicht unterstellen muss, aber die Ergebnisse zielen eben nicht auf die Wirklichkeit ab, sondern setzen die Annahme eines Kollektivs bereits voraus! Oder von einem fiktiven Standpunkt der fünften Ebene aus: Zahlen sind für die Seele das allerbeliebigste Phänomen. Viele Dinge, die Summe aller Objekte sind auch in der dritten Bewusstseinsschichte enthalten, Musik etwa, die auch noch andere Bereiche miteinbezieht, monetäre Werte, Erzeugnisse und Ergebnisse der Technik und Physik, Elektrizität und so fort, auch die Zeit. Und die Mathematik ist ein verlässlicher und adäquater Partner für die Objekte, man könnte beinahe fantasieren, ein „kollektives Subjekt" dazu! Aber wenn man den Übergang Zeit/Mathematik oder umgekehrt gleichsam unter dem Mikroskop betrachten möchte, erkennt man kein lückenloses Kontinuum, wie es für einen homogenen Strukturbestandteil erwartbar wäre! Die Zeit fungiert auch, wenn man das so weit interpretieren möchte, als eine Art Qualifikation meiner Wahrnehmungsinhalte, und die Mathematik rührt an diese Bereiche gar nicht an! Die Zeit hat ihrerseits einen umfassenderen Hintergrund, als die Kollektivität der Mathematik insgesamt enthält! Und sie erhält von der Mathematik die Bescheinigung, Mitglied der objektiven Strukturen der Welt zu sein!

Ich könnte mir die Zeit beispielsweise vorstellen als eine gedachte Linie zwischen Natur und Kultur. Sie schafft es zwar nicht bis zur Abtrennungsfunktion, aber das ist ja auch nur ein Bild! Die Kognition Zeit hebt einen Menschen aus der Natur heraus, Zeit könnte auch als Energie der Umwandlung von Natur zu Kultur apostrophiert werden, und sie tritt als unscheinbare Grundgröße der Physik auf neben Volumen, Dichte und Temperatur! Fast wäre man hier versucht, händeringend der Befürchtung Ausdruck zu verleihen, es ist Unglück, die Dimensionen Zeit und Raum zu verschmelzen! Und um noch einmal die fünfte Bewusstseinsebene einzubeziehen: Wahrheit ist ein Anspruch, den die Natur stellt und der auf sie abzielt. Die Wahrheit ist eine Übereinstimmung von Natur und Kultur.

Die Zeit beschreibt also einen seltsam verschlungenen Weg durch die Schichten des Bewusstseins hindurch und wird dabei als Herrin von ihrem getreuen Knecht, dem Geist, auf Schritt und Tritt begleitet. Und die dabei mehrmals durchdrungene oder durchquerte Sprache repräsentiert auf besondere Weise die kulturelle Kollektivität. Das im Rahmen der Welt mit den Objekten korrespondierende Subjekt kann etwa auch als Verbindung des Menschen mit dem Kollektiv aufgefasst werden. Mehr zur Sprache hingewendet mit erkennbar wissenschaftlichem Anspruch: Metaphysik verbindet den Einzelnen und das Allgemeine. Und mit Bezug auf die Sprache selbst könnte ganz allgemein formuliert werden: Glaube ist die Haltung eines Menschen zur sprachlichen Gemeinschaft. Und die Lüge wäre dann, hier weitgehend unabhängig von der Religion, einfach eine falsche Haltung des Einzelnen zur Gemeinschaft, mithin das Verneinen jeglicher Sinnhaftigkeit von Glauben, wie gesagt, hier etwas allgemeiner als nur im religiösen Kontext! Assoziativ lässt sich die Zeit dann als eine potenziell lügenhafte Struktur bezeichnen mit nur einem Minderheitsanteil der Negativität höchstwahrscheinlich, aber immerhin! Zeit und Lüge können gemeinsam sicherlich einiges anrichten!

Es wurde weiter oben bereits kurz auf die selbstschädigende Konsequenz der persönlichen Lüge eingegangen. Ein Verleumdungsopfer ist rechtlos in Bezug auf seine eigene Wahrheit, noch mehr verliert aber der oder verlieren die Täter vielleicht den Kontakt zur inneren

Struktur der Wahrhaftigkeit! Man glaubt, sich kognitiv rechtfertigen zu können über den kollektiven Geist und die immerhin mathematisch erhärtete Struktur der Zeit, hat also in gewisser Hinsicht ein Kollektiv im Rücken, von dem aus sich aber keinerlei Verbindung zur Natur herstellen oder auch nur erkennen lässt! Man ist dann also weitgehend künstlich unterwegs oder bewegt sich überhaupt in einer Art Parallelwelt, indem man dem Opfer lügenhaft Realitätsferne unterstellt! Aber noch überraschender ist hier die andere Seite: Man muss sich zum Opfer der Lüge machen, um diese eventuell ausrotten zu können! Man muss selbst zur Natur durchdringen, muss die Fallstricke und -türen der persönlichen Zeit ausgeschaltet haben, den Geist auf null gestellt und die unbewussten Sprachemotionen aufgelöst haben, um die gesamte Problematik transparent erscheinen zu lassen. Bis dahin wird man verfolgt, existenziell angetrieben, ist man unterwegs. Und wenn man das als mehr oder weniger bewusstes Opfer nie erreicht, bleibt man der Lüge ausgeliefert, bis man stirbt!

Und wer sagt schon, dass so ein Ziel überhaupt existiert, und wenn, dann erreicht werden kann? Was ist das Ziel der persönlichen Suche, der Gral der Quest, der Stein der Weisen und ähnliches? Einfach das Sein, die Übereinstimmung von Sprache und Inhalt, die Gültigkeit des mathematischen „=" im Bereich der eigenen Person, der Individualität, der Wahrheit und Wirklichkeit! Und um diese zu erreichen, muss man die Kompetenz der persönlichen oder individuellen Zeit einschränken, deren

Spielraum, welcher aus der kulturellen Horizontalität entsteht, von links und rechts quasi an den Grenzwert null heranzuführen versuchen, dem nichts weiter entspricht als die tatsächliche Gegenwart, wie sie eben gerade wahrgenommen und gelebt wird!

Möglichkeit wäre Geist oder unerfüllte Vergangenheit als Repräsentant der kulturellen Horizontalität oder Breite, man könnte auch sagen, der Ungenauigkeit kultureller Elemente gegenüber der Natur. Und so verhält es sich vielleicht auch mit der Lüge! Die objektive Lüge ist dann nichts weiter als ein Abklatsch der kulturellen Unschärfe zur Natur hin, Bestandteil des Alltags, der Lebensnotwendigkeiten, der auch offiziell anerkannten Strukturen. Hier geht es um Kompatibilität mit der äußeren Natur, die in einigen Bereichen wohl noch verbesserungswürdig ist! Die persönliche und intentionelle Lüge geht und greift zweifellos tiefer in die Existenz von Personen hinein! Über das Umfeld des Begriffs Zeit kommen Assoziationen wie Besitz und Eigentum mit ins Spiel und eröffnen damit Ziele für andere Emotionen wie zum Beispiel Hass. Und andererseits entsteht hier scheinbar ein Teufelskreis von Ursache und Wirkung, wobei man, wie so oft, nicht genau weiß, was dem anderen eigentlich vorausgegangen ist, die Zeit oder der Missbrauch, der Missbrauch oder die Zeit? Der Missbrauch kann als Versuch interpretiert werden, dem Menschen die Lüge beizubringen, und die im konkreten Missbrauch enthaltene Lüge aktualisiert sich, wie von Zauberhand geführt, jeweils selbst, da ihr offenbar auf einer potenziell anderen Seite nichts entgegenzustehen scheint! Und dann versteckt sich der Missbrauch über das Wort Lüge auch noch hinter der Sprache und deren Gehalten! Wie sollte ein Täter, der ja auch über eine Opfervergangenheit verfügt, aus diesem Kreislauf und darüber hinaus aus der ganzen Thematik ausbrechen oder hinauskommen können? – Er bräuchte oder braucht theoretisch nur die in seinem Bewusstsein eingebrannten oder vorhandenen Spuren der Abläufe verfolgen oder wahrnehmen! Das Bewusstsein und die Anerkennung dessen müssten an sich schon ausreichen! Mögliche Konsequenzen in der Praxis würden sich wohl irgendwie von selbst ergeben!

6

Um noch einmal das Positive anzusprechen, wie es sich in Begriffen „oberhalb" der Sprachschichte exemplarisch darstellen oder zusammenfassen lässt, Gerechtigkeit etwa und dazu das hier nur leicht wehende Tuch der Freiheit, Wahrheit und Wirklichkeit, Ethik und Spiritualität, das Sein und das Nichts, Natur, Leben und Bewusstsein bis hin zur Sprache, die zumindest tendenziell auch dahin orientiert sein kann, das breite Feld des Handelns verbunden mit bewussten Entscheidungen und so fort. Dem gegenüber stehen quasi die Begriffe der Negativität wie Missbrauch, Destruktivität, Verrat, Lüge, und wie wir gesehen haben, kann auch die Zeit als potenziell negative Struktur hier hereinwirken. Die Formen, die Wirbel und Strukturen, die Nachwirkungen des Negativen können sehr vielfältig sein, können aber die Positivität bis hin zur Natur bei weitem nicht aufwiegen, auch wenn im inoffiziellen Untergrund der Kultur eine zähflüssig-trübe, schwarz anmutende, teerartig klebrige, scheinbar dauerhafte Schichte des realen Missbrauchs existiert! Zusammen ergibt das ein bunt schillerndes, aber etwas belastetes Gesamtbild der Kultur, das in der konkreten Einzelheit nicht so einfach vorausberechnet werden kann. Und mit diesem korrespondiert dann ein in gewisser Hinsicht abgehobenes, etwas andersartiges Bild einer „Jenseitswelt", wie sie von einer Person in einer spezifischen Bewusstseinserfahrung erlebt werden kann. „Jenseits" wohl nicht zuletzt auch deshalb, weil es sich mit den Worten des gewöhnlichen Bewusstseins nur krückenhaft beschreiben lässt, weil hierfür keine eigenen Worte existieren.

Meiner bescheidenen Meinung nach gibt es die Jenseitswelt, weil es auch einen Geist gibt, oder in anderer Perspektive, die vorbewussten Prozesse der Aneignung der Kultur, die auch das gesamte Leben hindurch gleichsam als Sockel wirksam und vorhanden sind, werden durch die wunderbaren Eindrücke und Symboliken irgendwie expliziert und dargestellt. Das Ganze eines menschlichen Bewusstseins wird dadurch abgerundet und vielleicht auch erklärt. Und dazu, auch wenn man nicht genuin religiös eingefärbt ist, bildet diese Welt auch einen mehr oder weniger unbeeinträchtigten

Ort der Positivität, oder anders formuliert, der Schlüssel zum Verständnis der Bewusstseinsschichten von der Sprache abwärts liegt in der Annahme der Tatsächlichkeit und der realen Intensität einer Bewusstseinsschichte, die dem Alltagsbewusstsein scheinbar nicht so ohne weiteres zugänglich ist! Man muss die sprachlich nicht so einfach darstellbare Transzendenzschichte als gegeben akzeptieren oder postulieren, um die realere menschliche Kultur erklären zu können! Wie in einer gotischen Kathedrale etwa streben die Spitzbögen zum Schlussstein der Transzendenz hin. Und so lässt sich beispielsweise für jede Entität der Welt auch die Struktur der inneren Gerechtigkeit auffassen! Die Andersheit der Jenseitswelt bildet paradoxerweise die notwendige Grundlage der realen Welt, wie sie einem menschlichen Bewusstsein eingeprägt ist.

Es könnte wohl als eine Art missing link der frühen Phase der Kulturentwicklung aufgefasst werden noch vor der Herausbildung der Kognition oder Struktur der Zeit, dass Kulturobjekte, und dazu reicht in gewisser Hinsicht auch schon die Bezeichnung durch ein Wort aus, im Bewusstsein unter der Prämisse oder mit dem Vorzeichen von Gerechtigkeit repräsentiert wurden oder waren, in einer Art naivem, vorzeitlichem Bewusstsein, aber immerhin könnte die Welt damals noch sozusagen in Ordnung gewesen sein! Die innere Annahme der Gerechtigkeit und eines damit verbundenen „Gefühls" oder vielleicht auch einer Intuition, welche verbunden ist mit einer noch weitgehend natürlichen Praxis der Ausgewogenheit des Gebens und Nehmens lässt die Welt im Ganzen noch weitgehend unproblematisch erscheinen. Aber das ist selbstverständlich nur eine Vorstellung a la *aurea prima sata est aetas*! Dann wird Gerechtigkeit vielleicht langsam zu einem theoretischen Wert durch die Verknüpfung mit der Sprache und deren Begriffen und überquert gleichsam allmählich die Grenze zwischen Innen und Außen, verlagert sich potenziell ins Kollektiv. Außen gibt es Dinge und Besitzstrukturen, und diese werden später irgendwann durch das Recht geregelt. Dabei spricht aber nichts dagegen, dass die Gerechtigkeit auch innen so wie vorher weiterexistiert, nur verliert dieser innere Anteil mit der Zeit dann möglicherweise etwas an Gewicht und Bedeutung, wird verschüttet wie ein nicht mehr benützter Stollen eines Bergwerks und gerät langsam in Vergessenheit. Gerechtigkeit ist heute ein weitgehend außen lokalisierter Begriff und sträubt sich folgerichtig gegen eine allgemeingültige Definition. Die innere Annahme von Gerechtigkeit wäre andererseits aber wohl auch nicht ganz aus dem Alltag wegzudenken, sie existiert scheinbar weitgehend ohne direkt darauf bezogene Sprache, kommt aber immer wieder in konkreten Details und Sachen zum Ausdruck, hat also nach wie vor eine tragende Substanz in der Gestaltung des menschlichen Zusammenlebens! Und das Gefühl dieser inneren Gerechtigkeit und das Wissen oder die Vorannahme von deren Bedeutung sind wohl notwendig für ein einigermaßen ausgeglichenes Bewusstsein, vielleicht sogar für psychisches Wohlbefinden oder

Gesundheit! Dabei geht es zweifellos um Bezogenheit auf andere, aber auch sämtliche Dinge und Kulturgüter sind zumindest potenziell oder theoretisch darin einbezogen.

Von der Natur her lässt sich außerdem eine innere Verbindung der Werte Wahrheit und Gerechtigkeit annehmen, Wahrheit und Gerechtigkeit können gewissermaßen nur gemeinsam existieren. Man ist hier im Bereich der Ethik, in der Schichte der Verantwortung und der Seele, und Gerechtigkeit scheint hier ein wenig zugunsten der Wahrheit aus dem Blickfeld geraten zu sein. Für eine tatsächliche Substanzhaftigkeit ist aber wohl beides notwendig! Und beide Begriffe werden auch oder manchmal sogar hauptsächlich im Außen gesucht, wobei durch die Kollektivierung der Sprache die gesamte Breite der Horizontalität mitschwingt. Naiv gedacht, wie weiß ich, dass jemand ganz anderer auch so über Gerechtigkeit fühlt und denkt wie ich selbst? Die Werte stehen offensichtlich in Gefahr, durch die Kollektivierung in eine Art Beliebigkeit abzudriften, welcher wiederum durch gültige Definitionen gegengesteuert werden müsste. Aber die existieren für beide Begriffe im Außen nur bedingt!

Und in diesen Kontext angenommener, mythischer Vorzeit könnte man auch die Ursache der Negativität projizieren: Ursache von Lüge und Verrat ist die Erfahrung des Missbrauchs. Ganz trivial und platt, einfach und konkret! Aber der Missbrauch selbst ist auch nicht aller Dinge Anfang, sondern ihm geht, und das ist selbstverständlich spekulativ, eine Ahnung der Kognition der Zeit voraus. Und die Entstehung der Kognition Zeit markiert wiederum eine allmähliche Abwendung vom gleichsam natürlichen Verständnis der inneren Gerechtigkeit und deren sozialer Gültigkeit. Damit ist nicht gesagt, dass die Entstehung der Zeit folgerichtig zum Missbrauch führt! Die Zeit als Inhalt und Struktur kann auch ganz gut ohne diesen unerfreulichen Begleiter existieren! Weder am mathematischen Gehalt noch an der Bewegung der Gestirne würde sich dadurch etwas verändern! Der Missbrauch ergibt sich vielleicht aus der Zeit, aber nicht notwendig! Ich könnte die Zeit als abstrakten Behälter auffassen, in dem die gesamte jeweilige Gegenwart enthalten ist, und dann natürlich auch die Vergangenheit und auf wunderbare Weise auch die Zukunft. Aber ganz einfach: Zeit ist eine grobe Einschätzung der inneren Befindlichkeit! Und wie andere Werte auch wird sie durch die sprachliche Kollektivierung einer gewissen Beliebigkeit ausgesetzt, mit dem einen Unterschied, dass die Zeit schon als kollektive Struktur komprimiert wurde, welche als Rahmenbedingung der physischen Existenz gilt wie etwa auch der Raum. Die Zeit ist also von vornherein kollektiv-abstrakt und sie wird nur als Bemessungsstruktur innerer Vorgänge zugelassen, ergibt sich aber nicht quasi von selbst, sondern stellt dann gleichsam einen kollektiven Eindringling ins persönliche Bewusstsein dar! Und das könnte man unterbewusst wahrnehmen und dagegen vielleicht opponieren! Wenn man nichts gegen die Struktur ausrichtet, könnte man immerhin versuchen, diese in die eigenen Absichten zu integrieren, sie vielleicht zu manipulieren und irgendwie zu einem eigenen Instrument der Negativität zu gestalten!

In dieses Umfeld passt noch ein weiterer, brisanter Begriff hinein, nämlich die Schuld. Wird die Zeit als Norm akzeptiert, entsteht auch ein latentes Schuldgefühl, das sich auf seltsame Weise mit dem Wort „Ding" verbindet. Von der Genese im Bewusstsein her vertritt Schuld irgendwie das Manipulieren von Natürlichem zu Dauer, auf „tote" Objekte bezogen, aber auch darüber hinaus! Man könnte sogar einen paradoxen Satz formulieren wie: Schuld ist das Sich-verhalten von Dingen gegenüber der Natur. Oder im menschlichen Alltag: Jemanden beschuldigen bedeutet ihn zu einem Ding machen. Entsteht der Bedarf der Zeit nach der Negation innerer Gerechtigkeit, lässt sich Schuld auch unter dem Aspekt einer Außenprojektion verneinter Gerechtigkeit fassen. Oder ganz allgemein: Schuld ist die Bevorzugung des Geistes gegenüber der Natur. Und der Geist ist nicht einmal so selbständig, ohne die Zeit überhaupt auftreten zu können! Geist gibt es nur mit Zeit, und beide können im Innern auch ihre Bedeutung verlieren! – Überdies braucht es hier eine genaue Unterscheidung zwischen Zeit und Dauer, denn irgendwo auf dem Weg dazwischen könnte sich ein Bewusstsein in die Negativität verabschieden. Man kommt nicht an gegen die Natur, aber man kann sich ja auf den zwischenmenschlichen Bereich konzentrieren! Und der Natur schadet die Kultur ohnehin!

Der Mythos beleuchtet die Entstehung des Bewusstseins und „mythos" bedeutet nichts weiter als „Wort", in gewisser Hinsicht auch „verschwiegenes Wort", was immer das sein soll! Das Bewusstsein ist das Innere einer Höhle oder auch die Innenwelt eines gesamten Berges. Und es kann scheinbar beliebig geformt und gestaltet werden, oder etwa doch nicht? Jedenfalls kommen hier ein paar Begriffe herein, deren Verhältnis zueinander nicht so ganz deutlich erkennbar ist und die zusammen ein etwas fragwürdiges oder hinterfragbares Bild der Kultur abliefern: Zeit, Dauer, Besitz und Eigentum, die Zahl als verbindendes Glied, Natur und Kultur. Und dazu das verschwiegene Wort vom Missbrauch. Was war zuerst? Und ist die Zeit tatsächlich die einzige Messlatte, auf die es ankommt?

Philosophie ist der Versuch, etwas über den Geist zu sagen, könnte man vollmundig behaupten. Und gleich spezifizieren: Die Substanz des Geistes ist das Verwechseln von Natur und Kultur. Zeit und Geist heben einen Menschen aus der Natur heraus, schaffen eine Art verhaltenen Schwebezustand, der jedoch auf Auflösung harrt, der somit auch positiven Inhalt hat und nicht nur eine Entfremdung vom natürlichen Urzustand darstellt. Zeit und Geist haben sozusagen eine Finalursache, die in deren eigener Auflösung liegt. Mit dem Einzug von Zeit und Geist ins Bewusstsein wird dieses irgendwie auf ein Ziel ausgerichtet. Wird etwa das Feuer des Geistes aktiviert, befreit es die Welt als Innenrepräsentation und vielleicht auch im entsprechenden Zirkel außen herum von den Folgen des Missbrauchs. Die Zeit wiederum macht Inhalte des Bewusstseins unwägbar, hält sie sozusagen in Schwebe, um sie dereinst ihrer Vollendung zuführbar zu machen, ohne anzugeben, worin diese bestehen könnte. Die Zeit ist sozusagen eine Entfremdung von der Natur unter deren Obhut, eine Problemstellung in nur eine Richtung hin, ein vorläufiges Aufladen mit gleichsam undurchschaubarem Gehalt. Und man muss schon an die Wurzel der eigenen Wahrnehmung gehen, um auch der Zeit auf den Grund sehen zu können!

Wie erhalten Zeit und Geist ein derartiges Gewicht, dass sie einen unhinterfragt akzeptierten Bestandteil der Realität darstellen? Nun, da kann man vielleicht nur spekulieren, um bei Hegel Anleihen zu nehmen, und das Ergebnis ist alles andere als gewiss! Es geht hier möglicherweise weniger um den Übergang vom Einzelnen zum Kollektiv, sondern eher um eine Ausweitung von Gruppen- zu Massenannahmen: Dummheit multipliziert Gruppenstrukturen mit sehr großen Zahlen. Was in meiner Kleingruppe noch kaum Schaden anrichtet, wird als Kollektivstruktur unter Umständen problematisch. Aber man kann Dummheit wohl kaum ernsthaft beschuldigen, und wenn doch, würde es nichts bringen! Die Strukturen der Realität sind nun einmal so, wie sie sind! Löst man in sich die persönliche oder individuelle Zeit auf, tickt die Uhr dennoch weiter! Aber man hat sich dann immerhin von der Verstrickung in die persönliche Vergangenheit befreit, kann objektive Strukturen damit vielleicht leichter akzeptieren, nimmt die Dinge vielleicht selbstverständlicher so, wie sie sind! Das Sein als intrinsisches Ziel des Lebens und als dessen natürlicher Ausgangspunkt.

Und dann kommt noch die Sprache dazu: Das Mysteriöse, das Worten implizit anhaftet, ist Zeit. Das Mysterium, das Geheimnis ist möglicherweise gar nicht so geheimnisvoll, es wird nur verschwiegen! Es ist vielleicht ziemlich platt, nichts weiter als ein Akt plumper Verlegenheit, etwas, wofür einem Kind auf die Finger geklopft würde! Und die Zeit ist dann unter Umständen ein Festhalten an der Vergangenheit aus Furcht vor Missbrauch! Und ein Missbrauchstäter hat vielleicht die kaum nachvollziehbare Vorstellung, die Zeit materialisieren zu wollen!

Dauer ist wohl eine der ersten Erkenntnisse und unter Umständen *die* Problematik des Verstandes schlechthin. Wird das Ganze mit Missbrauch, mit etwas Verborgenem, Unerlaubtem verbunden, entsteht daraus wieder etwas irgendwie Geheimnisvolles, nämlich der Bann: Die Substanz des Negativen besteht im Missbrauch des Wortes Bann. Und die Faszination des Missbrauchs besteht im angewandten Bann! Und wieder der Zirkel zurück: Die beim Missbrauch ausgesprochenen Worte verleihen dem Bann Zeit. Ein Teufelskreis? Manche Problematiken werden einfach gelöst, indem man sie der bewussten Wahrnehmung aussetzt: Negativität wird durch Orientierung auf den Bann gelöst.

Doch die Philosophen geben nicht so rasch auf! Das Mosaik der Zeit ergibt ein „übernatürliches" Ganzes. Und das Ganze wiederum stellt ein Joch zwischen den Menschen dar, etwas Verbindendes, eine Klammer. Der Geist hat auch etwas Kollektives an sich, ausgedrückt im Wort „es" oder „es gibt". Die Kultur, Zeit und Geist, der Missbrauch enthalten auch etwas Zwanghaftes, dem sich der Einzelne anpassen, das Subjekt unterwerfen muss. Die Existenz wird im Außen strukturiert und organisiert. Aber der Einzelne ist dem nicht nur ausgeliefert, er könnte dem ihn gleichsam verfolgenden Zwang zu entrinnen versuchen. Die Zeit bezieht sich in erster Linie auf Objekte, das bewusste Handeln aber und die Entscheidung auf andere Menschen. Auf Menschen bezogenes Handeln kann daher unter Umständen den Zwang der Zeit aufheben. Das Ich stellt die Verbindung zwischen Bewusstsein und Existenz her. Wird das Ich frei von allen Überladungen und Verzerrungen, von irrealen Funktionsansprüchen gesehen, ist der Kanal frei. Das Ich wird dann zu einem Niemand, das „je" in jemand steht für Zeit oder Geist. Ist die Beobachtung „rein", besteht ein ungestörtes Dreiecksverhältnis der Wahrnehmung zwischen dem Selbst, dem anderen und dem Beobachten, ist also die Seele oder Individualität aktiviert, dann existiert ein natürlicher Zustand trotz oder in der Kultur und es können etwaige Unklarheiten oder Befürchtungen in der Folge reflexiv ausgeräumt werden. Man selbst wird sukzessive frei. Und das „Ding", das das bewirken kann, ist Wahrheit, die innere Wahrheit und die Verpflichtung oder die Bereitschaft dazu. Und Wahrheit ist im Grunde nichts anderes als die Zustimmung, das Sein zu akzeptieren.

7

Brennus war vielleicht als Junge an einem anderen Adelshof zur Erziehung und wurde vielleicht dort auch missbraucht. Alles spekulativ, selbstverständlich! Ich war im Internat und wurde dort, Gott sei Dank, nicht missbraucht. Und vielleicht habe ich auch noch andere Beziehungen zu Brennus, jenem keltischen Anführer aus dem dritten vorchristlichen Jahrhundert?

Jedenfalls scheint mir diese Figur, die mehr durch Geheimnisse als durch offizielles Wissen schillert, eine Schlüsselperson für die österreichische Identität zu sein, oder besser, für ein inoffizielles Selbstverständnis der Österreicher, das auf seltsame Art wiederum weit über die Landesgrenzen hinauswirkte und deshalb etwas beinhalten muss, das man auch anderswo kennt, das sozusagen allgemein geläufig ist, inoffiziell, versteht sich! Mehr kann und will ich dazu zunächst nicht sagen!

Aber ich muss hier allmählich oder endlich begründen, weshalb ich diesen Titel für die Monographie gewählt habe und mich nicht länger durch Geschwafel und Geschreibsel von Hirngespinsten davor herumdrücken! Und das tue ich, indem ich ganz nonchalant ein paar Sätzchen zum Thema wiedergebe, die jedoch nicht zu ernst genommen werden sollten! Wie gesagt, ich habe kaum festes Wissen zu diesen Sachverhalten, und überdies stellt es eine Art Missbrauch der äußeren Form dieser Sätzchen dar, die sonst eher philosophische Inhalte abdecken!

Das Österreichische ist die Möglichkeit der Doppelbödigkeit.

Das Österreichische stellt allgemein auf das Unsagbare ab.

Das Österreichische stellt wesentlich auch auf Schadenfreude ab.

Das Österreichische gebraucht Gewalt, um Ziele zu erreichen.

Der österreichische Geist spiegelt den Teufel und ein totes Tier.

Das Österreichische ist von der Gründung her menschenopfergeil.

Österreich ist die Unvereinbarkeit zu helfen und zu kämpfen.

Österreich ist sich des Abscheulichen bewusst, das es projiziert.

Das Gräulichste des Abscheulichen hat im Österreichischen Platz.

Das Österreichische ist wegen geheimer Sätze unlogisch.

Das Österreichische hat auch Gutes, es geht immer um Wahrheit.

Wahrheit ins Allgemeine verlagert, bleibt fruchtlos für die Ethik.

Das Österreichische sucht die Wahrheit leider im Negativen.

Das Österreichische sieht Lebensfeindlichkeit als Opfermerkmal.

Ein Österreicher glaubt, der andere spürt das eigene Denken.

Das Österreichische meidet die Frage, zu denken oder nicht.

Das Nazismus ist angewandte Vogelmenschen-Psychologie.

Das Österreichische bildet sich ein, Schicksal spielen zu können.

Das Österreichische verwendet Sinnloses, um auszudrücken.

Das Österreichische bestraft Verstöße gegen das Sinnlose.

Das Österreichische kennt nur eine Seite und das Wort „gegen".

Österreichisches ist ein kindliches Gegenprojekt zur Logik.

Ein Österreicher braucht Gefühle nur zur Kommunikation.

Im Österreichischen existiert der andere nur komatös.

Dem Österreichischen ist das Rationale zutiefst verhasst.

Das österreichische Kollektiv verhält sich wie eine Person.

„Das Österreichische" ist ein kollektiver Ausdruck für Brennus.

Das Österreichische ist eine hoffnungslose Weltanschauung.

Die österreichische Weltanschauung ist realitätsfeindlich.

Die österreichische Auffassung der Welt ist grund- und bodenlos.

Das Österreichische versucht Menschen das Menschsein abzusprechen.

Die österreichische Behandlung ist persönlich und negativ.

Österreicher eignen sich zu Opfern und haben Täterkultur.

Das Österreichische stellt eine Religion des Missbrauchs dar.

Das Österreichische ist die Identität des Verächtlichen.

Das Österreichische betrachtet die Welt wie durch ein Vexierglas.

Das Österreichische ist eine Weltanschauung des Versagens.

Das Österreichische versucht dem Ich die Kompetenz zu nehmen.

Das Österreichische betrachtet Gesicht und Hintern reziprok.

Das Österreichische ist prädisponiert zu endlosem Martern.

Das Österreichische stellt Sachen als Kommunikation dar.

Das Österreichische ist quasi eine Wissenschaft vom Verrat.

Das Österreichische verrät auch jemanden, weil er besser ist.

Das Österreichische schadet auch aus „sozialem" Bedürfnis.

Das Österreichische ist erkennbar vor Liebe angesiedelt.

Das Österreichische achtet auf die Behandlung von Personen.

Das Österreichische unterscheidet Personen von anderen.

Die Österreicher sind sozusagen nach Statut Parasiten.

Ein Parasit möchte die Grenzen zwischen Mein und Dein verwischen.

Das Österreichische verbindet die Täuschung mit dem Schädigen.

Das Österreichische möchte schaden, weil ihm geschadet wurde.

Der österreichische Schrecken ist Eintauchen in finstere Nacht.

Das Österreichische ist letztendlich ein einziger, langer Witz.

Also wie gesagt, bitte nicht zu ernst nehmen! Wer weiß, was mich noch alles mit Brennus, diesem Urösterreicher verbindet? ...

8

„Das kann doch nicht sein! Das darf doch nicht wahr sein!" Im Missbrauch kommt auch eine zunächst mehr oder weniger unbestimmte Distanz zum Sein zum Ausdruck, die sich dann später bis hin zu einer Gegnerschaft entwickeln kann. Das Weihwasser des Teufels Missbrauch ist dann wohl auch das Sein! Nun kann man aber als Mensch, als Kulturwesen, das Sein nicht völlig umgehen oder außer Acht lassen, sondern man ist mehr oder weniger immer darin eingebettet, hat damit zu tun, wenn man sich nicht gerade in den seligen Gefilden des Tiefschlafs aufhält. Dem Missbrauch, und ich meine damit nicht in erster Linie den Akt selbst, eignet damit von Anfang an auch eine defensive Position oder, anders betrachtet, eine gewisse Sturheit angesichts gespürter, inhaltlicher Unterlegenheit.

Die Zeit wurde anderswo bereits mit dem Prädikat Lüge versehen, und von da kann man leicht in die Breite gehen hin auf die gesamte Kultur. Aber wie kommt es eigentlich dazu, kann man da Spuren nachverfolgen im Geistigen, im Bewusstsein? So einfach dürfte das wohl nicht sein! Verweilt oder brütet man ein wenig darüber, zeigt sich wieder einmal, dass positiv und negativ, gut und schlecht nicht so deutlich trennbar sind, wie das etwa die Struktur der Moral verlangen würde. Ich habe etwa als Vorzeitmensch ein Unbehagen gegenüber der Kultur, und die Kulturgüter sind an sich noch relativ überschaubar. Und, gut gemeint, ziehe ich einzelne Kulturgüter oder künstliche Objekte in den Bereich meines Lebens, den lebendigen Schutzschirm meines Bewusstseins herein, verleibe sie mir gleichsam ein, geistig selbstverständlich, und ich begehe damit eine kleine Lüge in der Intention, Kulturgüter zu Naturgütern umzuformen oder irgendetwas Negatives, Gewaltsames oder Anderes außer Kraft zu setzen. Die Sprache ermöglicht das über die Kognition Besitz oder Eigentum, und diese wiederum bilden Vorläufer der Struktur Zeit. Ich mache etwas geistig zu Meinem und lüge damit! Und das eigentlich nur in der Vorstellung. Und überdies vermische ich zugleich Natürliches mit Künstlichem und schaffe einen hybridartigen Ansatz eines Kunstwesens, das gar nicht existiert. Und dabei wollte ich nur eine Art Homogenität sicherstellen, die verloren gegangene Homogenität der Natur!

Kulturartiges bezieht immer auch etwas Kollektives mit ein, auch der Vergangenheit, die Natur bleibt aber immer aktuell und auch das Leben ist auf die Aktualität von Einzelwesen beschränkt. Lüge, so könnte man schlussfolgern, vermischt permanent Kollektives und Subjektives, hier allerdings bereits auf die Existenz bezogen, mit gemeinschaftlichen Strukturen und so fort. Und die Ungenauigkeit der Kultur, so könnte man verbreitern, ist demnach strukturierte Lüge. Ich kann mich als Missbrauchstäter hinter der Kultur, auch der Sprache verstecken, und könnte dabei unter Umständen sogar mit Moral argumentieren! Wahrheit und Lüge sind nun mal eine oder *die* zentrale Thematik der Ethik! Das ändert aber nichts daran, dass ich mich immer noch in einer defensiven Position wahrnehme! Die Kultur kann an ihren äußersten Rändern nicht die Natur überdecken, sie hat nur andere Eigenschaften, die sie ein wenig aus der Natur herausheben, eben unter anderem das menschliche Kollektiv als Entstehungsfaktor. Aber in der Folge wird eben die potenzielle Polarisierung deutlicher, und als Missbrauchstäter könnte ich mich innerlich tendenziell auf die Seite der Kultur versteifen, einer Kultur allerdings, die ich letztendlich auslöschen möchte, eben weil sie ... sich von der Natur unterscheidet, Lüge beinhaltet, als Strukturmerkmal, wie ich postuliere! Wahrheit oder Lüge?

Die Frage stellt sich nun aber gar nicht mehr, ist jenseits meiner Reichweite, wurde durch die Tatsachen längst eingeholt!

Zeit und Geist, Dauer, Gewalt, Schuld und Missbrauch. Bis auf Letzteres allgemeine Charakteristika des Menschlichen, der Kultur. Gewalt manipuliert Natürliches zu Dauer, kann aber unter Einbeziehung obiges Letzteren auch eine unmittelbare Verbindung dahin markieren. Zeit ist eine Struktur, die eine Unterscheidung zwischen Natur und Kultur gestattet. Wenn man „natürlich" und „künstlich" trennen möchte, dann anhand der Kognition Zeit! Und die Zeit basiert auf Dauer, die wiederum ein kollektives Herausgehoben sein aus der Natur repräsentiert. Die Zeit könnte man sich dabei als eine Vertikale des Lebens vorstellen, denn sie vertritt letztlich doch immer einen Zeitpunkt oder eine winzig kreisförmige Lokalität, naturwissenschaftlich metaphorisch durch die Heisenbergsche Unschärferelation verfremdet.

Die Zeit ist immer nur im Augenblick aktuell, braucht aber die Vergangenheit, um überhaupt als Struktur existieren zu können. Ursprünglich ist die Zeit im Bewusstsein vielleicht eine Art schockartiger Wahrnehmung der Dauer der Kultur, mit anderen, konkreten Inhalten verbunden vielleicht durchaus eine traumatische Wahrnehmung! Und später wird sie dann als kulturelle Überformung der eigenen Wahrnehmung adaptiert. Ihr Knecht, der Geist, zielt auf die Breite, hängt wie eine Fledermaus von einer Horizontalen herab. Der Geist braucht die Kollektivität der Kultur und beginnt, könnte man vermuten, durch die Identifikation mit jemand anderem, was, streng genommen, gar nicht möglich ist! Der Geist beginnt sozusagen auf gut österreichische Art mit einem Schmäh und bleibt sich deshalb immer auch seiner Abhängigkeit von der Zeit bewusst! Die Horizontale fällt ohne Vertikale auf den Boden, wo sie aber nicht hin will – zu nahe an der Natur! Zeit und Geist gehören untrennbar zusammen und die Erkenntnis der Dauer bildet eine Voraussetzung dafür. Im Bewusstsein werden aber oftmals erst sozusagen proaktiv Objekte mit Dauer ausgestattet, und diesem Vorgang kann ich persönlich auch kritisch gegenüberstehen! Die im Sein als Gegebenheit enthaltene, jeweils konkrete Verbindung von der Zeit zur Dauer kann in meinem persönlichen Bewusstsein zum Ziel von Feindseligkeit werden oder zumindest zum Gegenstand der Ablehnung, der verweigerten Akzeptanz! Und dabei gerät die Dauer als Grundlage der gesamten Problematik aus dem Blickfeld oder ich blende sie mehr oder weniger bewusst oder absichtlich aus! Wenn ich alles objektiv sehe, gibt es dabei kein Problem, aber ich *will* ein Problem haben, übertrage die Problematik von anderswoher auf diese Struktur! Irgendjemand oder irgendetwas muss ja schuld sein, und das möglichst kollektiv! Es ist zu mühsam, sich mit Einzelnen messen zu müssen, und überdies würde dadurch das Problem wahrscheinlich auch nicht aus der Welt geschafft!

Die Kultur ist selbstzerstörerisch, wenn Missbrauch eingebunden ist. Wenn ein Einzelner seiner Negativität nachhängt, schadet das meist nicht so sehr, im Kollektiv sind dann aber doch auch Folgen erkennbar. Alle glauben an eine Fiktion, und siehe, sie wird real! Und die Kollektivität als Strukturmerkmal der Kultur ist an sich schon zumindest leicht problematisch. Nehmen wir zum Beispiel das Wort Opfer! Ein Opfer zu sein führt in der Perspektive des Missbrauchs wahrscheinlich weg von der Natur, eben hin zu fiktivem Künstlichen, das dann mit wenig Fantasie realisiert werden kann. Und dabei teilt sich notwendig das Bewusstsein des Missbrauchstäters, weil die Ablehnung des Seins, dessen, was ganz einfach ist, sein eigenes Ich zum Opfer macht! So ist das nun mal in und mit der Kultur! Ein kognitives Opfer macht jemand anderen zum Opfer, und das, nachdem es vielleicht oder wahrscheinlich selbst äußerst Ungehöriges erfahren hat! Und es weiß sich dabei nicht allein, ist sich einer unterschwelligen Tradition bewusst, sieht sich in einer Linie der Kulturformung, deren Ziel bisher noch nicht erreicht wurde, welches beinahe unermüdlichen Einsatz erfordert, umso mehr, je schwieriger die Bedingungen tendenziell vielleicht werden! Es geht alles im Kreis herum, ist ein endloses Brimborium letztlich unzusammenhängender Einzelelemente, und es ist wichtig, dass Autoritäten, soweit es geht, für Klarheit sorgen! Das Ganze ist sehr empfindlich, fragil, man darf nicht mit der Brechstange vorgehen, muss den rechten Augenblick abwarten, um tätig werden zu können! Und es ist nicht einfach, wenn das Ziel selbst nebelhaft bleibt, eigentlich bestenfalls nur vermutet werden kann! Nicht einmal bezüglich der Existenz eines Ziels kann man ganz sicher sein!

Und dazu kommt dann die unselige Dauer! Alles Dauerhafte in der Kultur führt seit dem Zorn des Achill ins Verderben! Die Dauer des Lebens ist an sich schon schwer zu ertragen! Um wieviel heldenhafter ist es dann, einem nebelhaften Ziel sein Leben gleichsam zu opfern unter der Prämisse der dauerhaften Vergeblichkeit! Ein Missbrauchstäter überträgt kurzerhand den eigenen Bann auf sein Opfer! Und er muss stark sein dabei, wie das von Nietzsche besungen wird! Das Leben ist nichts für Schwache! Die gesamte Gesellschaft steht im Zeichen des Banns, im Banne des Banns des ...

Und dabei ist es nur der Wunsch eines Destruktiven selbst richtig behandelt zu werden! Ein legitimer Aufschrei, nur die Mittel dazu schlagen aus der Art! Man findet keinen Kern des Negativen, Destruktiven, könnte sich bestenfalls mit Kalauern behelfen wie: Negativ, destruktiv ist ein Auge mit dem Hintern verwechseln! Das von Freud endlich definierte Wort „Trieb" ist eine Selbstbeschreibung des Negativen, Destruktiven! Und die Tiefenstruktur des Unbewussten und der Geist repräsentieren Destruktivität! Vom Einzelnen zum Kollektiv: Die durch Sprache angeführte Kultur ist insgesamt destruktiv. Und dabei möchte ein Destruktiver sich vielleicht nur anbiedern, negativ zwar, aber immerhin! Die Destruktivität hat, abgesehen vom Unbewussten, vom Geist und von einem falsch verstandenen Ich keinen realen Boden, keine eigentliche Substanz, aber wo es dann konkret wird, zum Beispiel im Verrat, werden betonfeste Fakten geschaffen! Dabei lässt sich Verrat in der Vorstellung als nur eine Nachahmung des Destruktiven klassifizieren!

Es gibt viel tatsächlich Negatives in der Welt und im Leben und es ist nicht immer ganz einfach, mit den Mitteln der Realität, der Ratio und so fort, damit umzugehen. In der Theorie findet man dann aber wenig Greifbares mit Ausnahme der Lüge und dem von ihr ausgelösten Irrationalen, das wiederum nicht strukturell aufbereitet werden kann. Dann bleibt viel Raum für Fantasie, für Befürchtungen und Geheimnisse, für verbotene oder verborgene Kulte, für das Böse schlechthin. Die einzige Struktur, die man im Kontext der Negativität sozusagen rational dingfest machen kann, wäre jedoch die Zeit, die Zeit als Lüge – und das kann sich wohl nur auf einen Teil der Zeit beziehen! Richtig, man muss unterscheiden zwischen intentioneller Lüge wie etwa Verleumdung und struktureller Lüge der Kultur! Aber die Zeit scheint dem vorauszugehen und ist deshalb davon irgendwie nicht betroffen, und der Zeit geht die Dauer voraus. Die Zeit ist wie ein heißer, glühender oder energetischer Ring, der da irgendwo oben schwebt, nicht ganz unverbunden mit anderen kulturellen Elementen wie etwa der Sprache, aber eben für sich problematisch. Und der gesamte Kontext der Negativität ist irgendwie eine Ansammlung von Dingen, von Einzelelementen, die nicht organisch miteinander verbunden sind, die eigentlich nicht von Haus aus zusammengehören. Die Zeit ist gleichsam aktiv, aber nur durch die Energie, die sie durchdringt, die später vielleicht zu Strom verarbeitet wurde. … Im Ernst, die Zeit verbindet Elemente, die nicht zusammengehören, und eines davon ist wohl auch der Missbrauch! Und der Missbrauch lässt sich schwer herleiten, begründen, am ehesten noch aus dem Denken! Der Missbrauch ist eine kognitive Angelegenheit, weniger eine moralische! Und Denken heißt einfach, einander zu vergleichen, horizontal, aber auch in die Tiefe der Vergangenheit hinein. Und es ist notwendig subjektiv, solange ein Geist existiert. Und dann kommt noch die negative Absicht dazu, der böse Wille, klar! Aber auch der Ausdruck „guter Wille" lässt sich unter Umständen als sprachliches Fotonegativ zum Missbrauch begreifen!

Die Zeit setzt eine Ahnung von Dauer voraus, und sie stellt dann als solche eine illusionäre Einteilung der Dauer dar, anhand des Tag-Nacht-Rhythmus, der Bewegungen der Gestirne und so fort. Aber die Zeit ist künstlich, und sie wird von natürlichen Zyklen abgeleitet: die erste Lüge! Die Dauer wiederum ist, und das sei hier nur nebenbei bemerkt, so etwas wie ein anfänglicher Schrecken darüber, ein Mensch zu sein, ein Mensch mit Kulturelementen, mit Dingen und einer Sprache. Die Dauer strebt sozusagen von Anfang an auf ein Ende hin! Und die Zeit ist dann gewissermaßen eine Art Relation auf dieses innere Denken, abstrakt und künstlich, wie es sich gehört! Die Abstraktion wird hier derart auf die Spitze getrieben, dass die Zeit als Elementarteilchen, als Atom oder Quark oder wie die alle heißen, aufgefasst werden kann für sämtliche Formen, die in der Welt existieren. Es ist ja sozusagen nur Theorie, abstrakt eben! Keine Form ohne Zeit, ohne die „homogenen" Atome der Zeit! Wenn man so will, die zweite, kulturbedingte Lüge: Die forma formarum, das Prinzip der Formen, ist letztlich die Zeit. Und um auch gleich noch den Ausdruck Prinzip zu kommentieren: Ein Prinzip ist eine Maske der Dunkelheit auf Strukturen hin. – Brennus soll ja angeblich eine Art Religion des Missbrauchs verzapft haben! Hinter einer Maske lässt sich allerhand verstecken, aber im Falle der Negativität lässt sich hier kaum etwas Konsistentes vermuten!

Aber die Elementarteilchen der Zeit sind in Wirklichkeit nicht homogen! Die Wahrnehmung unterscheidet sich von Moment zu Moment, von Augenblick zu Augenblick, und die Zeit ist eine künstliche Skala dazu. Ein Augenblickselement ist vielleicht mit dem nächsten irgendwie verbunden, aber Element 27 und Element 54 können insgesamt ziemlich grundverschieden sein! Sekunde 27 unterscheidet sich in ihrer Substanz aber kaum von Sekunde 54 und Sekunden sind für die Wahrnehmung viel zu lang! Die Atome der Zeit sind grundverschieden, lassen sich nicht miteinander vergleichen, aber die Kultur gibt uns die Zeit als die Wahrnehmung verbindende Struktur. Abgeleitet wovon, woher? Vielleicht wird hier eine Eigenschaft der Sprache auf die Zeit übertragen? Jene ist im bezogenen Kontext wohl ein wenig ambivalent. Sie entfernt den Menschen gleichsam ein wenig von seiner natürlichen Disposition durch das Verwiesen sein auf ein Kollektiv, und andererseits stellt die Sprache gerade diese spezifisch menschliche Verbindung zu den anderen her. Es ist eine Frage der Betrachtung: positiv oder negativ, kulturpessimistisch oder assoziativ natürlich, lebensbejahend oder lebensverneinend? Womit wir wieder bei der Zeit wären oder bei der Dauer!

Man könnte behaupten, die Zeit ist ein Faktor der Innenwelt, die Dauer der Außenwelt, Innen und Außen ließen sich durch Zeit und Dauer unterscheiden. Und die menschliche Kraft oder besser Macht, die ständig zwischen Innen und Außen hin und her flitzt, ist der Geist. Dieser ist nur eine Art Dampf, eine Verwischung der Vorstellung, aber eine strukturierte! Er fungiert unter anderem eben als Melder zwischen der Orbitalstation des Ichs und der Bodenstation des Selbst und es ist ihm dabei gar nicht klar, was eigentlich zu tun sei! Vom Aspekt der Sprache her ist der Geist nichts weiter als eine Art Anfrage, was zu tun sei. Und das Ich kann ihm dabei auch nicht ausreichend weiterhelfen, im Gegenteil, auf irgendeine unheilvolle Art konstituiert der Geist gemeinsam mit dem Unbewussten das Ich mit! Und wie gesagt, der Geist und das Unbewusste stehen in diesem Kontext für die Destruktivität. Sollten sie sich einmal auflösen, muss die Sprache gewissermaßen neu gelernt werden! Die einzige Tätigkeit des Geistes besteht sozusagen darin, das Gewicht vom Individuum oder

Selbst als Lebewesen auf die Seite des unbekannten Kollektivs zu verschieben, und das nur aufgrund seiner Neigung! Er verwechselt Außen und Innen, Natur und Kultur und er bringt die Person um ihr Recht, sich als Einzelwesen zu begreifen. Der Geist steht für das Subjekt, aber nur insofern es sich unterzuordnen bereit ist unter die Sprache, die Kultur, unter Autoritäten und so weiter. Der Geist entkräftigt die Natur des Menschen, tendiert eben zum Abstrakten, wenn nicht gar Absoluten. Je weiter von der Natur entfernt, umso mehr Geist oder, man könnte auch sagen, Lüge! Aber eben Lüge im – naja, irgendwo ein Zwischending zwischen persönlicher und struktureller Lüge. Und nicht zu vergessen, der Geist ähnelt dem Willen manchmal wie ein Ei dem anderen! Nicht immer, aber immerhin! …

Um noch einmal kurz zu rekapitulieren, die Wahrnehmung selbst ist zunächst ein vollständig natürlicher Vorgang, wird aber quasi von Beginn des „In-der-Welt-seins" an auch mit künstlichen Inhalten konfrontiert und es verwundert nicht, dass die menschliche Innenwelt mit Adaptionsprozessen reagiert. Die Wahrnehmung, lateinisch *perceptio*, wird auf erkennbare Strukturen hin orientiert, vielleicht konditioniert, aber das tut hier weniger zur Sache! Wichtig wäre nur die Unterscheidung zwischen objektiv gültigen Strukturen, wie zum Beispiel bei kulturellen Inhalten, und bloße Annahmen, Präsumtionen, Vermutungen, eventuell emotional verfälschten Schlüssen, Befürchtungen und so fort. Zur *perceptio* mischt sich das *principium*, etwas behauptet Anfängliches, sozusagen die „erste Aufnahme, Übernahme" einer Wahrnehmung. Das Prinzip ist jedoch künstlich, die Wahrnehmung natürlich. Es ist für einen Menschen offenbar von Anfang an nicht einfach, die Welt so zu sehen, wie sie ist! Und der erste Keim des Künstlichen, der sich zur Wahrnehmung dazu mischt, ist die Zeit, deren „Atome" nicht so gleichförmig sind, wie die Struktur der Zeit suggeriert. Die erste Ahnung der Zeit in der Wahrnehmung des Kleinkinds stellt quasi den Ansatz einer Struktur der Verbreiterung auf die Kultur hin dar, hebt das Kind minimal auf vom selbstverständlichen Boden der Natürlichkeit und mischt einen unbestimmten, kollektiven Anteil der Kultur dazu. Dem menschlichen Bewusstsein wird sozusagen die Kompetenz der Wahrnehmung streitig gemacht. Ein Mensch empfindet sich fortan nicht mehr selbstverständlich ganzheitlich als Naturwesen, der erste Schritt hin zur zumindest teilweisen Selbstauffassung als Ding, zum Subjekt, ist getan.

Schuld daran ist, wie gesagt, laut den Missbrauchstätern die Sprache. Und darin ist vielleicht auch ein Körnchen Wahrheit zu finden insofern, als das Unbewusste sich aus der Sprache ableitet. Das Unbewusste wiederum ist gleichsam Boden und Stütze der Kognition Zeit. Aber das reicht im Allgemeinen nicht aus, um hier berechtigt Schuld zuzuschreiben, denn dann würde Persönliches mit Kulturellem vermischt! Das Unbewusste besteht im Wesentlichen aus den sprachbezogenen Emotionen Angst und Stolz, und ich könnte den Stolz etwa als eine Art

Selbstaufgabe zugunsten vergangenen Besitzes definieren, auch wenn der „Besitz" vielleicht nur eine theoretische Struktur wie die Sprache repräsentiert. Und die Sprache ist auf jeden Fall mehrheitlich kollektiv! Und über die Ahnung der Zeit wird eine Verbindung zu diesem Kollektiv hergestellt, zunächst einfach horizontal auf real existierende Kulturelemente hin und später auch in die Tiefe der Vergangenheit hin. Und die Struktur der Zeit als solche stellt sich dann schon als ziemlich raffiniert ausgearbeitet dar, sie ist gleichsam etwas Technisches, das der Wahrnehmung zugefügt wird, das sie besser zu klassifizieren hilft, sie wäre sozusagen naturwissenschaftlich eine nachträglich eingefügte Messung der Wahrnehmung, physikalisch sanktioniert, aus der Welt nicht mehr wegzudenken.

Wenn man also an diesem Punkt etwas herummeckern will, dann an der Vermengung von Natürlichem und Künstlichem, von Persönlichem und Kollektivem im Rahmen der ganz normalen Wahrnehmung, aber wohl weniger in moralischer Hinsicht auf das etwaige Vorliegen von Schuld. Genau das scheint aber von den Negativen favorisiert zu werden! Wie mit einer Art Tunnelblick versucht der Missbrauch, die verbindende Funktion der Sprache zu unterbinden. Die Motivation dazu könnte ja verständlich sein: Scham, Schuldgefühle, der Impuls, nicht anderen oder der öffentlichen Wahrnehmung ausgesetzt zu sein. Und die Sprache ist *die* verbindende, kulturelle Struktur an sich! Sprache bedeutet, man kann sich als Mensch nicht ganz von anderen abtrennen, und dennoch bleibt auch hier ein Rest für die Negativität sozusagen offen, kann sich der Geist irgendwo dazwischen einschieben. Der Keim der Negativität kann also schon so ziemlich am Anfang irgendwo eingepflanzt werden, die Entscheidung zur Negativität muss aber später bewusst getroffen und vollzogen werden.

Die Sprache ist Ergebnis der Summe des menschlichen Kollektivs und wird dadurch zu einer heißen Kartoffel der Negativität. Ohne Sprache kann kein Mensch auskommen, aber so richtig einbinden, verwenden lässt sie sich von negativer Seite oder Position aus nicht! Es bleibt nur das Verschweigen, das plakative oder offensichtliche Nicht-verwenden der Sprache als Kommunikationsmittel. Und das Verschwiegen werden des Missbrauchs, könnte man etwas deutlich ausdrücken, führt zu Fassaden und Moral. Ein Missbrauchstäter möchte für sich sein, möchte in dieser Funktion keinen Kontakt zu anderen Menschen außer vielleicht zu „Gleichgesinnten". Die Sprache als verbindendes Kulturelement ist da nur hinderlich, wird vielleicht sogar zum Feindbild, sofern sie sich nicht manipulieren und für die eigenen Zwecke einbinden lässt. Man könnte dann postulieren, der Missbrauch versuche dem Menschen die Sprache abspenstig zu machen, auch wenn der Missbrauchsakt durch entscheidende sprachliche Hinweise begleitet werden kann.

Worte bezeichnen etwas, Objekte oder Inhalte, und jede einzelne bezeichnete Entität ist selbst wiederum Objekt der inneren Gerechtigkeit. Die innere Gerechtigkeit fungiert nebenher als ein nicht angesprochenes Verbindungsmittel der Worte einer Sprache. Verständlich, dass die Negativität da etwas dagegen hat! Aber das Mittel, das sie dann einsetzt, ist schon weniger nachvollziehbar: Die Negativität grenzt Natur und Kultur strikt voneinander ab, beharrt quasi auf einer Eigenständigkeit der Kultur und möchte diese nicht im umfassenden Kontext des Natürlichen sehen. Die Kultur als solche muss nach der Vorgabe der Negativität imstande sein, ihre Probleme selbst zu lösen. Der Schlüssel zur Lösung der Problematik der Negativität soll irgendwo in der Kultur verborgen liegen. Und dem wird auch Permanenz, Dauerhaftigkeit unterschoben. Man könnte unter Umständen sogar das Wort Negativität so definieren, dass die Natur abgelehnt wird, teilweise, weil ich meine Körperhaftigkeit nicht leugnen kann, aber immerhin! Negativität ist aktives Sich-die-Natur-zum-Feind-machen. Dann bin ich aber auf die Dauer angewiesen, und kein Kulturelement drückt Dauer aus wie die Sprache. Logik? Fehlanzeige! Aber darum geht es auch nicht!

Ich muss mir nicht die gesamte Sprache zum Feind oder Feindbild machen, denn das ist für Menschen, wie gesagt, nicht so einfach, aber ich kann ja einzelne Inhalte umkehren, manipulieren oder einfach nur die Richtung verändern! Ein ernstzunehmender Ausdruck des kollektiven Geistes war früher das Phänomen der Rache. Dieses könnte man theoretisch zu umschreiben versuchen mit: Rache ist der Versuch einer Richtungsveränderung der Sprache. Auge um Auge, Zahn um Zahn. Der Richtungspfeil verändert sich, das ist alles! Mir wurde geschadet, ich schade anderen. Ich wurde missbraucht, ich …

Das Negative ist ein heroisches Sich-heraushalten auch der Natur, ein Bekenntnis zum Menschen als Kulturwesen auf der unverzichtbaren Grundlage der Dauerhaftigkeit und mithin eine persönliche Stoßrichtung, ein persönlicher Angriff auf das potenzielle Vergessen werden. Anders formuliert: Wenn schon alles verloren ist, dann ganz! Und das Negative wird in nuce durch den Geist repräsentiert: *Ich bin der Geist, der stets verneint, …* Und dazu kommt dann wie selbstverständlich die Lüge.

9

Gerechtigkeit ist auch Wahrheit, insofern sich diese auf sprachliche Inhalte bezieht oder besser, auf mit Worten Erfasstes, Ausgedrücktes. Und kommutativ wäre Wahrheit dann auch Gerechtigkeit. Dem gegenüber steht die Nicht-Übereinstimmung von Worten und Inhalt, die Lüge. Irgendwo zwischen Natur und Lüge ist dann die Position des Negativen, vielleicht auch die Motivation dazu, und ebendort befindet sich der kulturimmanente Ausdruck des negativen Geistes, der Verrat.

Die Ursache von Lüge und Verrat, behaupte ich mal, ist die Erfahrung des Missbrauchs. Verrat hat logischerweise mit Destruktivität zu tun und ist im Wesentlichen der praktische Zweig, die Anwendung der Negativität. Letztere unterscheidet ohnedies nicht zwischen Verrat und Lüge.

Worin besteht der Verrat nun, was ist das eigentlich? Der Teil „Rat" von Verrat beschäftigt sich mit der Sprache, und der Verrat als solcher ist dann ein Frontalangriff auf ebendiese, es werden Kanonen aufgestellt und es wird geschossen. Und die unscheinbare, verhaltene Tatsache des Missbrauchs steht im Hintergrund: Verrat ist ein missbräuchlicher Angriff auf die Sprache als ganze. Was soll das, was bringt das? Ganz einfach, die Sprache wird sturmreif geschossen, und eine nicht mehr „funktionierende" Sprache eignet sich nicht zur Kommunikation von Inhalten, ganz besonders von solchen, die gar nicht kommuniziert werden sollen! Viele kleine Nadelstiche zersetzen irgendwann vielleicht das Ganze! Verrat ist also potenziell eine Umkehrung des Sprachgehalts ins Negative, oder partiell vielleicht auch nur eine gegenläufige Verwendung eines konkreten Sprachgehalts. Im Volksmund würde man Lüge dazu sagen, aber der Volksmund weiß auch ganz gut über den Verrat Bescheid.

Wie kann man sich den Verrat im Vorstellungsraum plastisch vor Augen führen? Ein Mensch wird als Ding verpackt! Ich habe etwas erfahren und ich gebe es weiter. Die absichtliche Auffassung eines Menschen als Ding ist Verrat. Jemandem wird einfach oder scheinbar sein Status als Lebewesen genommen. Die intentionale, und das heißt zu einem Gutteil auch verbrecherische Sicht eines Menschen als Ding ist Verrat. Das Ergebnis: Verrat heißt, jemand drückt jemand anderem seine Verzweiflung auf. Und in der Folge: Verrat ist die Entscheidung, jemanden ins Verderben zu führen. Das Mittel und die Methodik des Verrats ist die Lüge. Aber wie bei allem Negativen gilt auch hier der Umkehrschluss vorrangig: Jemand, der Verrat begeht, verdirbt sein Leben intentionell.

Verrat und Missbrauch sind eng miteinander verzahnt, greifen ineinander über. Beide richten sich gegen das Leben. Der Missbrauch zielt eher formal auf das Leben als feindlich anmutendes Wort, der Verrat konnte in früheren Zeiten praktisch dazu führen, dass jemand sein Leben verliert.

Möchte man die Spuren des Verrats nach hinten verfolgen, kommt man wieder ins Mythische, Fantastische, ins Ungenaue, letztlich zur Zeit. Die unmittelbare Grundlage des Verrats besteht in Zeit. Wie geht das? Voraussetzung der Zeit ist, wie schon angedeutet, die Existenz einer Sprache. Sprache drückt Dauerhaftigkeit aus und unterscheidet sich damit von der Natur. Aber es ist nicht die primäre oder explizite Absicht der Sprache, der Natur zu schaden! Bin ich aber nicht ganz genau, und Wörter als solche verwischen die Aktualität der Natur, dann könnte die Sprache aus negativer Perspektive mit dem Label „Lüge" versehen werden! Steht die Negativität im Raum, sucht sie sich auch ein Ziel, vielleicht nicht nur ein Objekt, sondern auch ein Ziel am Ende einer Zeitgeraden oder gar der Raumzeit schlechthin. Und dazu eignet sich dann das nebulöse Absolute, eine Art künstlicher Gegenpol zur Natur, das eigentlich, genau genommen, daraus entsteht, dass man sich weigert, das Wort Nichts aus der Perspektive des Verstandes als gültige Bezeichnung für die Natur zu akzeptieren. Und auf dieser vagen Grundlage einer Ablehnung eines gültigen Inhalts entsteht die Zeit — eigentlich eine Art Verrat! Und berechtigterweise kann der Verrat die Struktur der Zeit auch für sich beanspruchen, aber eben nur zum Teil! Es ist nicht so, dass die gesamte Struktur der Zeit in Verrat bestünde, nicht mehr als andere kulturelle Grundstrukturen auch: Sprache, Zeit, Zahl, Geld, … alles Proponenten der Destruktivität. Aber die Zeit glüht vor Missbrauch, und als solche eignet sie sich auch ganz gut als Grundlage für den Verrat!

Man könnte sogar sehr spekulativ, unter Achtung von Hegels Copyright, noch einen Schritt weiter wagen zur Genese der menschlichen Sprache hin. Einige der ursprünglichsten Laute dienen wie auch in der tierischen Kommunikation wohl als Signallaute, unter anderem etwa zur Warnung vor Gefahren, Imperative zumeist. Der inkriminierte Gegenstand ist die eigene Sicherheit oder die des persönlichen Umfelds. Hält man sich die quasi fertige Sprache objektiv vor Augen, dann lässt sich der Inhalt Sicherheit theoretisch auch mit der Abgrenzung von Wortgehalten, -inhalten und -bedeutungen assoziieren wie ein Zaun um einen Flecken Land herum. Und von da ist es selbstverständlich nur ein kleiner Schritt zur Assoziation von Eigentum und Besitz, von Mein und Dein. Das alles ist aber noch in Schwebe, es gibt noch keine so festen Strukturen und Regelhaftigkeiten, die allgemein gültig und anwendbar sind. Und dazu kommt die Bedrohung durch Ungehöriges, das sich zur Realität dazu mischt und seinen eigenen Teil oder seine eigene Art von Gültigkeit beansprucht. Der Geist ist bereits geboren, die Zeit oder eine Ahnung davon schwebt im Raum, die Genese des Unbewussten ist nur noch eine Frage der Zeit und der Mensch wird durch das Ich von sich selbst entfremdet.

Die unbewusste Angst bezieht sich später auf mögliche Kommunikationsinhalte und der Missbrauch lässt sich aus dem kulturellen Eintopf nicht mehr so einfach herausdestillieren. Fortan verlangt es Mut, den tatsächlich erkannten Impulsen der Natur zu folgen, die Gesellschaft hat irgendwann auch einen Zug des Scheinheiligen, des Doppelbödigen. Max Weber weiß davon ein Lied zu singen! Und durch die Struktur der Zeit, basierend auf der Kognition kultureller Dauer, wird das noch verschärft. Mut ist die Herausforderung der Natur vonseiten der Dauer, und ein Mensch hat die Macht, die Verfügungsgewalt über sein eigenes Bewusstsein verloren, demonstriert anhand der Zeitlinie: Stress in die Zukunft hinein bedeutet Furcht vor der Vergangenheit. Aber Zukunft beinhaltet eben über die kollektive Anmutung der Kultur und der Gemeinschaft auch Positionen der inneren Gerechtigkeit.

Brennus etwa brachte es vielleicht fertig, um den Missbrauch herum auch eine Art von Spiritualität oder Esoterik aufzubauen, einen mehr oder weniger verborgenen Kult, oder andersrum, er versah mögliche spirituelle Inhalte nicht nur mit Ahnungen oder Anmutungen des Missbrauchs, sondern fügte diesen mehr oder weniger feste Strukturen ebendieses hinzu. So etwas geht öffentlich nicht als Religion durch, aber wer weiß, was die alten Schamanen und Druiden nicht so alles getrieben haben mochten! Der Mensch ist über die Kultur auf die Kollektivität angewiesen, mehr als seine nächsten Verwandten in der Tierwelt, und er ist von Übereinkünften, von Traditionen, auch von so etwas wie dem kollektiven Geist, von kollektiven Zuständen abhängig, was dem subjektiven Geist unter anderem auch ein breites Feld etwaiger Befürchtungen ermöglicht! Angenommen, jemand verflucht mich, setzt die Dauerhaftigkeit der Sprache ein, um mich mit einem von seiner Seite her subjektiven Bann zu belegen, macht mich dadurch präsumtiv zum potenziellen Opfer von Kulthandlungen und kann damit alle möglichen Befürchtungen in mir auslösen, was ist das weiter als eine Androhung eines Missbrauchs, den der Konterpart mit einiger Wahrscheinlichkeit selbst erfahren hat? Aber ein Fluch kann eine Opferdynamik aus dem Firmament herabbeschwören, dem kollektiven Geist anheimgeben, und wer weiß schon genau, was sich jenseits der platonischen Donnerkuppel verbirgt? Das Bewusstsein, als Übereinstimmung von Geistern aufgefasst, ermöglicht eine Zersplitterung, eine Fragmentierung der Welt in beliebig viele Teile von mehr oder weniger beliebiger Art. Dem Menschen bleibt das Rechnen, die Logik, durchgeführt vom Ich als einer Art Funktionsvariablen, die Gleichungen erstellt! Der Mensch kann sich nur als Subjekt in der Welt verstehen, und ein Subjekt kann für einen anderen zum Objekt werden, der Geist macht's möglich!

Aber von allem Anfang an und vor aller Kultur existierten sozusagen schon die Voraussetzungen für Wahrheit und Gerechtigkeit im Bewusstsein. Die Natur durchdringt das Leben und bietet so der menschlichen Kultur mehr als nur Paroli! Die Lüge, auch des Verrats, auch des Brennus, auch einer Religion des Missbrauchs, kann sich nicht gegenüber der Natur durchsetzen. Die natürliche Durchdringung des Bewusstseins wirkt sich auch in der menschlichen Gemeinschaft der Kultur dahingehend aus, dass die Sprache einen ausreichend positiven Tonus beinhaltet, um den Verrat zu zwingen, Sprachmanipulation treiben zu müssen, um sich auszudrücken oder seine Ziele erreichen zu können! Ohne bewusste und absichtliche Lüge geht dann sozusagen nichts! Man könnte vielleicht sogar so weit gehen zu behaupten, die Wurzel des Verrats sei mögliche Sprachmanipulation. Und umgekehrt lässt sich relativ einfach feststellen, der Sprachmanipulation mangelt es an Vertrauen in eine grundlegende, von der Natur herrührende Positivität des Kollektivs, der menschlichen Gemeinschaft, mehr als Ausdruck der Praxis des Lebens denn als Ergebnis kognitiver Annahmen und Überlegungen. Wenn ich am nächsten Morgen aufwache, habe ich, Gott sei Dank, ein anderes Bewusstsein als noch am Abend zuvor! Das Leben verlangt über das Bewusstsein offenbar in positiver Hinsicht seinen Tribut. Die Anfänge der Kultur und der Sprache mögen verworren sein, aber auf der Höhe der Entwicklung der Kultur und des Bewusstseins bietet mir die Natur viel weitere und tiefere Möglichkeiten, als der Geist überhaupt vorstellbar macht!

Interessanterweise hat Brennus der inneren oder vielleicht auch spirituellen Wahrheit im Kontext einige Bedeutung beigemessen, und das ist möglicherweise auch schon so ziemlich das einzig erkennbar Positive! Und dieser Zug hat sich dann im Österreichischen auch irgendwie bewahrt, aber leider nicht das Auftreten von allerlei Gräueln und Furchtbarkeiten verhindern können, die Zeit ist offenbar noch nicht an ihrem Ende angekommen! Und um hier ein wenig herum zu kalauern: „Die Zeit ist reif!" bedeutet etwas anderes! Aber unter günstigsten Umständen könnte beides zusammenfallen im Sinne einer Koinzidenz oder was immer.

Es ist hier nicht der Ort, auf die Tiefen und den Bedeutungsgehalt des Wortes Geist einzugehen, der ja ohnedies einen leicht negativen Beigeschmack hat. Irgendwie lässt sich der Geist scheinbar intuitiv auf den Missbrauch zurückführen oder umgekehrt in irgendeiner Art davon ableiten. Aber das ist vielleicht nur vorgeschoben wie eine Maske der Zeit, der Kultur! Der Geist handelt viel mit Möglichkeiten, und der Inhalt der Möglichkeit ist eine bereits abgeschlossene Vergangenheit, die sich wahrscheinlich nicht erfüllt hat. Der Geist ist insofern ein Aufwärmen einer unerfüllten Vergangenheit. Aber nimmt man diese Spuren der Rückverfolgung in die Vergangenheit ernst, dann stößt man vielleicht dort irgendwann oder irgendwo auf die Wahrheit im Sinne einer sich tatsächlich ereignet habenden Aktualität. Und die Lüge nimmt dem Geist die Möglichkeit, durch Rückverfolgung in die Vergangenheit zur Wahrheit zu kommen! Und wenn man dem Geist ein Bier hinstellt, nimmt er es, er kippt gleich in einen ganzen Bottich Wein hinein! Wird jemand verraten, ist er der Lüge ausgeliefert, bis er stirbt, entweder wie früher im physischen Sinn oder auch im geistig-spirituellen Sinn. Natur oder Kultur, das ist hier die Alternative, Natur oder die Lüge!

Der Geist fürchtet sich ständig davor abzustürzen, und er konstruiert sich gleich einen entsprechend furchterregenden Abgrund dazu. Weshalb eigentlich? Naja, er muss Energie aufwenden, um über dem Boden der Realität zu schweben, um sich von der Natur abzuheben. Und, wer weiß, vielleicht geht ihm die Energie ja auch einmal aus? Nicht nur im Österreichischen existiert die Figur eines Kasperls, eines Kaspars, eines Jokers als Verkörperung des Geistes. Und der Kasperl ist bei den Kindern beliebt, der Geist kann also nicht grundschlimm oder grundverdorben sein! Der Geist ist ein Kulturelement, und oftmals braucht man ihn irgendwie sogar, um Ecken abzurunden, um abzufedern, zu schlichten. Und eine geistreiche Abendunterhaltung schafft es vielleicht sogar in die Annalen der Gesellschaft! Cartesius hat ja auch das Koordinatensystem erfunden und Darwin die Evolutionstheorie! Und Karl Marx ist der Autor des *Kapital!* Man vergisst dann offenbar rasch die weniger harmlosen Implikationen der Lüge: Die Intention der Lüge ist letztlich, jemanden zu töten! Nur ist das heute nicht mehr so einfach möglich, bringt man sich dadurch mit einiger Wahrscheinlichkeit selbst in die Bredouille. Der Missbrauch war immer schon eine Art versuchter Mord, der mit Absicht misslingt!

Der Geist versteht sich eher wie ein „guter Lotsch", ein harmloser, gutmütig-gearteter Mensch, der immer wieder zur Verfügung steht, um Unangenehmes zu erledigen, für das sich sonst niemand findet, und sei es nur die Übernahme der Rolle des zu Verspottenden in einer Gesellschaft. Man hat nichts gegen den Geist und käme nie auf die Idee, ihm tatsächlich Böses antun zu wollen! Der Geist ist ein Lasttier der Seele, die sich in der Realität überfordert fühlt, all die Kollektivismen und so fort! Und er kommt mit eher einfachen Mitteln aus oder zurecht, etwa: Das Negative versteht sich als spiegelgleich dem Positiven. Und mit einigem guten Willen kann der Geist das Ich durch die Sprache hindurch in den Bereich der Seele überhöhen, ihm eine etwas erhabenere Position verschaffen, noch dazu mit kollektivem Anstrich, wie das Sein! Nicht ganz uneigennützig vielleicht, denn durch diese Überhöhung verschafft er sich nicht zuletzt seine eigene Existenz. Geist und Ich scheinen Fremdkörper zu sein im Bereich der Wahrnehmung, der Ethik und Verantwortung. Warum? Ganz einfach, weil Missbrauch existiert! ... Tatsächlich? Kaum zu glauben! Der Missbrauch als Einzelfall vermag das vielleicht nicht, aber als gesellschaftlich anerkanntes Phänomen allemal.

Es dreht sich irgendwie alles um eine beinahe archetypische Situation, Copyright Carl Gustav Jung. Ein Feuer wurde entfacht, bildet die Mitte eines Platzes und einer menschlichen Gemeinschaft. Im oder über dem Feuer wird vielleicht Essen zubereitet, vielleicht gibt es auch schon entsprechendes Geschirr. Und es findet Kommunikation statt während des nicht unwichtigen und zugleich auch in irgendeiner Weise angenehmen Vorgangs der Nahrungsaufnahme. Die Möglichkeit der Zähmung und bewussten Nutzung des Feuers geht dem logischerweise voraus. Und die Existenz einer Sprache ist offensichtlich erforderlich.

Damit hat man im Wesentlichen alle Ingredienzien, die es braucht, um von Kultur sprechen zu können, aber wie ein unausgesprochenes Damoklesschwert schwebt auch die Thematik des Missbrauchs über der Idylle. Sprache führt zu Denken, bildet den Verstand heraus, und dieser ist im Wesentlichen ergebnisoffen, sozusagen auch für jede Blödheit zu haben! Gefühle gehen der Schichte der strukturierten Realität voraus, in unserem Fall vielleicht auch einmal ein negatives Gefühl, verursacht durch vielleicht irgendeine Form der Ablehnung. Ein negatives Gefühl führt potenziell zu negativem Denken, eben zur Negativität schlechthin, also einer Ablehnung der Natur. Man möchte als natürliches Wesen weg von der Natur! Gar nicht so einfach! Aber der Geist macht's vielleicht möglich, man braucht dazu nur als Mittel die Lüge. Und in gewisser Hinsicht einen Schutz durch die Kollektivität, denn mein Leben möchte ich dann doch nicht dafür einsetzen!

Die Allgemeinheit stimmt offenbar zu oder hat offenbar zugestimmt und daraus eine Tradition gemacht! Männlein oder Weiblein, Recht oder Unrecht, Geistliches oder Weltliches, man ist sich offenbar einig. Die Kinder werden vielleicht nicht gefragt, aber die verstehen ja auch noch nichts von der Welt!

Das Nichts ist ein Affront für das Denken, beleidigt das bisschen kollektiven Stolz, das schon berechtigt ist. Und verletzt wurde mein Stolz vielleicht auf ganz andere Art! Wer kam bloß auf so eine absurde, abgründige, abwegige Idee? Wo kommt dieser äußerste Schwachsinn bloß her? Die Kultur ist hier versammelt, in mir, potenziell auch in jedem anderen hier herum, das Denken macht's möglich.

Geist und Denken, kaum voneinander zu unterscheiden! Und dann die Worte, das Sprechen. Ich hasse das alles! Das Nichts ist für mich keine Alternative. Ein Blick zum Schräg-vis-a-vis-Gegenüber genügt, er denkt genauso. Warum nicht gleich? Warum nicht schon immer?

Im Grunde ist es nur eine Frage der Dauerhaftigkeit, eben der Dauer, die der Kultur ohnedies zu Grunde liegt. Und nebenher selbstverständlich auch des Schutzes, des persönlichen Schutzes, und dafür muss man lügen! Die Sicherheit der Übereinstimmung mit der Sprache muss geopfert werden, ein für alle Mal, diese Art Luxus kann man sich dann nicht mehr leisten! Aber, kann man davon auch profitieren? Kann man so existieren, überleben? Immer noch besser, als Nichts und Natur gleichsetzen zu müssen! Die Kulturinhalte sind, vom Nichts aus betrachtet, zwar Illusion. Aber warum sie dann nicht gleich zerstören? Es geht um das Denken, dieses ewige, leidige Denken! Weshalb kann man es nicht einfach abschalten? Wann erfinden sie endlich den Strom oder den Absinth?

So in etwa kann man sich eine apokalyptisch-archetypische Szenerie vorstellen! Als Problem wird dabei das Denken erkennbar und dessen Funktionsmechanismus, der Verstand. Der Hund liegt irgendwo in der Ratio vergraben oder in der Dauer, die alles Kulturelle bedingt. Die Irrationalität ist nur eine Antwort auf die Ratio, eine hilflose zwar, eine verzweifelte vielleicht, aber etwas anderes scheint dem Subjekt offenbar nicht übrigzubleiben! Oder? Wenn man die

Menschen hier im Kreis herum fragt, was würden die dazu sagen, oder besser, was würden sie meinen, ohne es laut auszusprechen? Ohne Gemeinschaftlichkeit gäbe es keinen Missbrauch, ein Einzelner könnte das nicht riskieren!

Und der Missbrauch ist quasi schon so gestaltet, appelliert an die Gemeinschaft aus innerer Bedürftigkeit, aus Hilflosigkeit heraus, er ist im Grunde ein Ausdruck äußerster Hilflosigkeit! Ich brauche mich nur schwach und schutzbedürftig präsentieren, und schon nimmt mich jemand an der Hand! Aber innerlich bin ich selbstverständlich ganz anders, nicht so gefühlsduselig! Jemand hat meine Gefühle nachhaltig verletzt, und ich nehme nun Rache an den Emotionen anderer! Dazu muss man stark sein! Wichtig ist nur, dass das alles im Verborgenen passiert, mehr oder weniger, dass es nicht öffentlich kommuniziert wird! Im Ernst, ich komme am besten an, wenn ich meine Selbstaufgabe als Gemeinnutz verkaufe!

10

Der Missbrauch versucht also offenbar die Sprache zu desavouieren, diese wird unter Einwirkung oder Mitwirkung eines Missbrauchsstrangs zu einem gesellschaftlich umstrittenen oder umkämpften Objekt, wie schon angedeutet. Man könnte der Sprache hypothetisch zumindest zwei Schichten zuschreiben, eine nach unten hin gerichtete zu den Inhalten und Strukturen der Objektwelt, welche die eigentliche Funktion der Relation zwischen Worten und Objekten übernimmt, und dann von oben her eine ethisch-verbindende Schicht innerhalb der Sprache selbst, welche diese zu einem für eine Person mehr oder weniger verlässlichen, kulturellen Werkzeug macht. Die Sprache ist nicht beliebig, ist aber vielleicht beinahe so entstanden, aber unter Mitwirkung der Destruktivität soll ihr die innere Verlässlichkeit und Brauchbarkeit als zwischenmenschliche Struktur abhanden gebracht werden. Und damit schießt sich die Negativität sozusagen selbst ins Knie, denn ein Destruktiver möchte ja, wie gesagt, eigentlich nur richtig behandelt werden, und „richtig" geht nun mal nicht ohne Sprache! Worte können eine Richtung vorgeben, und dazu muss die Sprache auch einigermaßen als Gesamtes verlässlich sein.

In Platos Universum ist die Kugel so etwas wie eine ideale, geometrische Form. Die Sprache mit ihren Begriffen als räumlicher Kugelinhalt vorgestellt, geht aber nur unter der Voraussetzung eines Absoluten, das sich wiederum nicht so einfach definieren lässt. Ein Urheber der Sprache, ein *auctor*, könnte so etwas unter Umständen in Person darstellen, daher vielleicht auch das Schillernde der Autorität. Aber was an der Sprache möglicherweise am meisten umkämpft ist, ist der immanente Anteil der Zeit, welcher wiederum auf Dauer basiert. Die Zeit als Struktur ermöglicht vielleicht eine dauerhafte Bastion des Missbrauchs innerhalb der Struktur der Sprache. Die Zeit lässt sich gegebenenfalls aufspalten in positiv und negativ, und der negative Anteil lässt sich dann auch sozusagen handfest vom Missbrauch her ableiten! Und wenn es die Zeit schafft, die Sprache zu vernebeln, brauche ich mich nicht mehr vor allfälliger Gerechtigkeit oder ähnlichem Geschwätz fürchten! In Verbindung mit dem Geist schafft es die Zeit, meine Person ausreichend von allen anderen abzutrennen, und der Schutz der persönlichen Sphäre ist ja wohl wesentlich in einer Gesellschaft! Selbst meine Zukunft ist dann nicht mehr für andere erkennbar! Der Missbrauch hat meinen eigenen Stolz verletzt in einer Art, dass ich die Sprache ohnedies nicht mehr neutral akzeptieren kann, ich kann die Sprache nicht mehr einfach nur bestehen lassen. Und, ich meine, was liegt dann vom Verstand her näher als zur Lüge zu greifen?

Objektiv gesehen, befinden sich „oberhalb" der Sprache das Wort Mensch und der Inhalt Sein, unter anderem. Als Täter verstehe ich mich selbstverständlich auch als Mensch, aber ich komme in diesen Bereich oberhalb der Sprache nicht so ohne weiteres hin, theoretisch zumindest. Hier besteht also eine gewisse Ambivalenz. Und mein Ich möchte vielleicht mit dem Sein konkurrieren, die Möglichkeit der Autorität bringt es in einen entsprechenden Dunstkreis hinein! Und dann kommt noch eine alte Struktureigenschaft des Ichs dazu, auch den oder die anderen miteinzubeziehen oder gar zu vertreten, was das Ganze dann doch einigermaßen unüberschaubar macht. Also richte ich es mir einfach, liegt doch auf der Hand! Es liegt schon in meiner Kompetenz, mein Ich von anderen abzugrenzen, und unter Umständen schreibe ich anderen dann gleich zu, was mir selbst unangenehm ist oder was ich vielleicht verbergen möchte! Wenn der Begriff Mensch oberhalb der Sprache angesiedelt ist, kann ein beliebiger Mensch vielleicht aushalten, wozu ich mich selbst nicht imstande sehe oder was ich lieber vermeiden möchte! Und ohne viel zu denken, kann jemand auch objektiviert, als Ding in die Welt verpflanzt werden, ich selbst bin ja auch Teil davon! Wenn meine Wünsche keine Aussicht auf Erfüllung haben, dann gilt das für mein Opfer von vornherein!

Was heißt „Opfer" denn schon eigentlich? Muss ich an ein höheres Wesen glauben, wenn ich den Menschen selbst leugne? Ich kann einen Fluch „von oben" herleiten, und ich kann ein Opfer bringen, natürlich nicht selbst, als Person, aber irgendwie werde ich dadurch ja doch auch beeinträchtigt. Wenn ich nicht an ein spirituelles „Oben" glaube, entwerfe ich mir einfach ein entsprechendes Unten in meiner Vorstellung, die Praxis dazu ist ja bereits vorhanden!

Ich habe schon Menschen erlebt, die einen psychischen Zug manifestieren, sich im Bann einer Opfererbringung zu befinden. Der reine Opfergedanke trägt offenbar schon das Missverständnis, gebraucht zu werden! Was Wunder, wenn man so einem Dödel alles bis ins kleinste Detail zeigen muss! Und um bei der Spiritualität zu bleiben, man kann sich sogar ein Ziel daraus machen, ein Opfer zu perfektionieren! Ich bin ja großzügig, was ich mir selbst nicht zugestehe, wird anderen zumindest der Möglichkeit nach geboten! Wer das ideale Opfer ist? Das entspringt sozusagen von selbst aus dem Boden der Zeit, aus der Struktur der Zeit, besser gesagt!

Wenn das Sein auch Wahrheit implizieren soll, dann ist der Missbrauch ja wohl der praktische Gegenbeweis! Wenn es kein Sein gibt, wenn das Sein als solches einfach nicht gilt, akzeptiere ich, was ich möchte, und muss nicht akzeptieren, was ist! Natürlich bekommt man dann irgendwie ein verschwommenes Gefühl, quasi auf der anderen Seite zu stehen zum Beispiel des Zauns der Sprache, aber das ist mir ja gar nicht so unangenehm! Ich weiß nicht, ob es nachhaltig ist, aber das ist im Prozess des Lebens ja auch bei anderen Dingen so. Das ist ja das Spannende, das Brisante, Salz und Pfeffer, oder wie das so heißt?

Gerechtigkeit wäre eine schöne Sache, im Innern, das gebe ich schon zu! Aber die Praxis belehrt uns eines anderen, und das hier ist praktische Philosophie. Der Missbrauch leugnet die innere Gerechtigkeit und marginalisiert, so weit das geht, die äußere. Und die Lagerfeuerszenerie zeigt uns, dass ich damit nicht allein stehe! Wo verlaufen überhaupt die Grenzen, etwa auch die Grenze zwischen Gut und Böse? Mir selbst als Eingeweihtem ist nicht alles klar, aber dass der Missbrauch weniger von Schuld herrührt als aus Dummheit, das schon! Moral wird instrumentalisiert, und man könnte dann schon vermuten, dass auch der

Missbrauch dabei das eine oder andere Mal seine Finger mit im Spiel hat. Gut und Böse: Vorurteile der Moral, aggressive noch dazu! Moral gehört zu Objekten, die verschoben werden, deren Zahlenwert gegeneinander aufgerechnet werden kann. Schuld ist nicht von ungefähr ein moralischer Wert! Durch die Moral wird ein Mensch zum Ding, und er braucht sich nicht wundern, auch so behandelt zu werden! Wer trägt heute noch Verantwortung?

Ich selbst bin, Gott sei Dank, nicht von Verrat betroffen, aber vom Missbrauch. Und zugleich versetzt mich der Gedanke an Verrat unglaublich in Rage! Ich meine, wo kommt man da hin, wenn man der Breite der Subjektivität nicht mehr vertrauen kann? Alleine die Möglichkeit des Verrats kann einen schon verleiten, an jemandem ein Exempel zu statuieren! Der Geist macht uns doch alle gleich, unter uns gesagt. Dann kann man sich ja selbst nicht mehr vertrauen! Es ist, als hätten Leute auf die Stirn geschrieben: „Schade mir!" Man braucht nur aufmerksam durch die Welt gehen!

Man muss aufpassen, sich nicht in der Rolle des Negativen zu verlieren! Daher zum Kontrast ein paar objektivere, vielleicht sogar positivere Inhalte. Als Ergänzung zur Moral könnte etwa kontrastierend die Ethik aufgeführt werden. Allgemein ist das zugegebenermaßen nicht üblich, aber es könnte dadurch die Topografie des Bewusstseins anschaulicher dargestellt werden. Ethik ist im Verantwortungsbereich angesiedelt oberhalb der Sprache neben Sein, Wahrheit und Wirklichkeit, Individuum und Seele und gehört ganz ursprünglich zur menschlichen Wahrnehmung dazu. Ethik wird somit in irgendeiner Weise „empfunden", Moral hingegen wird formuliert. Ethik ist daher sozusagen eine Art Qualität der Natur, Moral der Gesellschaft. Und eigentlich ist die Wortwahl hier selbstverständlich nicht ausschlaggebend, man könnte auch Hinz und Kunz nehmen oder Äpfel und Birnen! Klar, dass es die Moral dann schwieriger hat, positiv zu bleiben! Aber andererseits streben beide Begriffe auch auf die Sprache hin und würden sich vielleicht dort auch treffen, wenn, ja wenn es keinen Missbrauch gäbe, potenziell zumindest.

Die Moral verlässt sich darauf, dass das Verhalten in der Welt durch den Geist geregelt wird, auch durch den kollektiven Geist. Und in vielerlei Hinsicht ist das auch korrekt, was den Umgang mit Dingen betrifft, sachgerechtes Handhaben, Befolgen gültiger Strukturen, Konventionen. Vieles kann man üben und Selbstkontrolle hilft einem dabei. Aber der Mensch selbst ist kein vollgültiges Ding und kann unter obigen Voraussetzungen daher auch nicht vollgültig von der Moral erfasst werden. Innerhalb der Existenz kann der Geist für den Geist scheinbar Verantwortung übernehmen, indem er etwa falsches oder inadäquates Verhalten bestraft. Das kann auch durchaus in mir selbst stattfinden, innerhalb einer Person. Wozu brauche ich dann also noch die Ethik? Es ist wohl mal wieder eine Ansichtssache, eine Sache der

Perspektive! Schreibe ich dem Begriff Mensch genügend Eigenständigkeit, Würde zu, um ihn oberhalb der Sprache ansiedeln zu können? Genau betrachtet, wird das wohl niemand in Abrede stellen wollen, aber die Praxis verläuft wohl ein wenig anders, je nachdem! Implizit nimmt also die Moral dem Menschen einen Teil seiner Würde, könnte man nach Aristoteles schließen. Oder anders formuliert: Durch die Natur erhält der Mensch seine verlorene Würde zurück. Und diese Natur bildet auch den bewusstseinsimmanenten Hintergrund der Spiritualität: Jeder Mensch ist Bewohner der Seele-Selbst-Schichte des Bewusstseins.

Negativität heißt Ablehnung, Destruktivität zerstört etwas, die Wurzel von beidem liegt hier beim Missbrauch. Und Verrat zieht einem sozusagen den Boden unter den Füßen weg, den Boden der Existenz! Die Sprache verliert ihre Gültigkeit, oder besser die persönliche Wahrheit. Meine Aussage verliert sich im Wind gegen das Kollektiv der anderen, in diesem Fall der Lüge. Unter diesen Voraussetzungen kann kein Mensch bestehen! Und Österreicher sind hier Experten! Die gesamte Kultur wird derart miteinbezogen, dass einem von vornherein nur noch die Wahl zwischen eben der Kultur als potenziell mit Lüge imprägniert einerseits und der Natur andererseits übrig bleibt. Alles, was Kultur ist, kann sich potenziell gegen mich richten oder gegen mich gerichtet werden; will ich auf der sicheren Seite stehen, bleibt mir nur die Natur selbst als Alternative. Du hast die Wahl, Django!

Wenn selbst Menschen, die für einen sorgen, potenziell auf der lügenhaften Seite der Kultur stehen, muss ich mich demnach vernünftigerweise auf die Seite der Natur als Grundlage des Lebens hinbewegen! Dadurch reißen die sozialen Kontakte ja nicht ab, es ist nur die Frage, ob die Natur, die ja das Leben gegeben hat, dieses auch ausreichend zu erhalten imstande ist? Ist es gerechtfertigt, der Natur gegenüber der Kultur vollgültig zu vertrauen, wenn es sozusagen in der konkreten Praxis darauf ankommt? Was beinhaltet die Natur schon an Konkretem, was ist davon überliefert? Der Natur vertrauen heißt also dem Leben vertrauen. Ich lebe ohnedies, weshalb werde ich dazu herausgefordert?

Das Ich wird vom Spracherwerb an durch Sprachverwendung aufgeladen, mit Inhalten gefüllt, aber auch mit formalen Strukturen und Möglichkeiten aufgeladen. Wenn *ich* träume, gestaltet das Ich den Film, der da abläuft, und ich halte es unter Umständen für eine rätselhafte Darstellung von mir nicht zugänglichen Geheimnissen der Welt, für etwas Bedrohliches, und so weiter. Der Geist hebt das Ich über die Sprache hinaus, und wenn es sich dort nicht halten kann oder mit dem Sein konkurrieren möchte, stürzt es vielleicht etwas unsanft ab in den Bereich der Existenz hinein, schlägt vielleicht einmal etwas hart auf auf dem Boden der Realität. Die Sprache, durch die es hindurchfällt, bildet dummerweise kein Fangnetz. Und wenn mein Ich leidet, Schmerzen hat, möchte es diese vielleicht im ersten Impuls an andere weitergeben, denn „ich" ist ein Wort, ein Teil der Sprache, und die Sprache ist kollektiv. Es gibt ja die Lüge und den Verrat und die Negativität und … Aber es gibt auch ganz einfach Emotionen, und ich haue dem Nächsten einfach eine runter, worauf er dann immerhin auch reagieren kann!

Die letzte Errungenschaft der abendländischen Kultur, der Zusammenschluss der neu entstanden Arbeiterschichte, wird mit dem Wort „sozial" in Verbindung gebracht oder sogar überschrieben. Aber „sozial" deutet auf die Sprache hin, auf Struktureigenschaften, die ohnedies existieren! Also eigentlich eine ganz zutreffende Benennung, sie müsste nur ihre eigene Bedeutung erst erfüllen! „Sozial" heißt, man beginnt sich mit der Sprache zu beschäftigen. Bis dahin hatte es die Kultur offensichtlich noch gar nicht gebracht! Man lebt in der Existenz und verlässt sich bestenfalls auf seine Gefühle, äußert auch mal Emotionen. Hauptthema ist unausgesprochen – naja, dazu muss auch ich mich nicht äußern, aber dann gibt es ja auch noch den Missbrauch! Man merkt schon, das Ganze gerät hier etwas aus den Fugen! Man bräuchte sich vielleicht tatsächlich nur mal mit der Sprache selbst zu beschäftigen! Die Sprache bildet schließlich die Struktur des Innern und auch das Bewusstsein. Und dann kommt man vielleicht auch irgendwie zur Natur, sieht sie vielleicht schon durch den Geist durchschimmern! Aber wenn man den Versuch gar nicht unternimmt …

Es gibt vielleicht zwei Arten von ungewöhnlichen Erlebnissen in der persönlichen Bewusstseinsgeschichte: Transzendenzerfahrungen und den Missbrauch. Ziemlich konträr! Der Missbrauch wird nicht geleugnet, Transzendenzerfahrungen werden von der Wissenschaft argwöhnisch beäugt. Ich war mit meinem Bewusstsein ein paar Meter von meinem Körper entfernt! Ich habe der Familie meiner Schwester beim Abendessen zugeschaut! Ich war in ganz einer anderen, einer jenseitigen Welt! Und ich war dahin zum Teil schneller unterwegs als in der Formel 1!

Der Missbrauch wiegt offensichtlich schwerer. Keiner will ihn erfahren, aber eine demokratische Gesellschaft kann sich nicht darauf verständigen, etwas Konzertiertes dagegen zu unternehmen! Also bleibt mir gar nichts anderes übrig, als die Dinge selbst in die Hand zu nehmen, wie das immer schon der Fall war, in Feudalzeiten, in der Antike, in der Jungsteinzeit und zu Zeiten der Höhlenmalerei! Und es wird nicht gekämpft. Jeder weiß, wie das mit der Negativität so ist!

Aber wenn man draußen steht, jenseits des Zauns, also vis-a-vis der Innenseite eines Täters, dann wird man mit Lügen zugeschüttet, und zwar kollektiv! Das ist offenbar ein uralter Mechanismus, die Menschheit hat sich schon darum gekümmert, die Negativität zu verbergen! Das Opfer muss nicht lügen, aber es ist sozusagen das Unglaubhafte in Person. Und logischerweise übernimmt es die Strukturen der Falschinformationen auch in seine Innenwelt. Tut aber nicht viel zur Sache, denn in früheren

Zeiten führte ein derartiger Verrat eher früher als später ohnedies zum Tod! Ein Verratener wurde stets eher von außen als von innen bestimmt, vielleicht für vogelfrei erklärt, landete im Käfig an der Decke oder noch früher vielleicht auf einem barbarischen Opferaltar. Wenn jemand in Demokratiezeiten verraten wird, kann er dennoch kurz überlegen, ob er sein physisches Leben fortsetzen können wird. Der Geist unterscheidet noch nicht so sehr zwischen Monarchie und Demokratie.

Und was hat die andere Seite zu bieten? Was ist sozusagen der Inhalt, die Substanz der Negativität? Weshalb nimmt man diese Unbill auf sich, die durchaus ja auch rückwirkende Effekte aufweisen kann? Der Missbrauch ist vielleicht eine Art Missverständnis, das aus Scham heimlich überlebt hat! Geht's noch jämmerlicher? Immerhin: Negativität macht Positives nach und verhindert es dann. Darauf kann man schon eine Gesellschaft bauen! Aber wie gesagt, das Wort sozial ist ja erst ziemlich neu! Formal ließe sich etwa die folgende Begriffskorrelation erstellen: Stimmt das Sein mit dem Selbst überein, gehört einem die ganze Welt. Wo liegt dem gegenüber der Vorteil der Negativität? Ein ziemliches Desaster, volkswirtschaftlich und betriebswirtschaftlich, die Negativität!

Man könnte behelfsmäßig etwa zu der Formulierung kommen: Geld ist eine Repräsentation dauerhaft schuldiger Zeit. Über die Zeit wurde hier schon eine

Menge philosophiert, sie fasst einfach zusammen, was ist, und man muss sich dann nicht stets den Kopf zerbrechen über mögliche Ursachen, obwohl auch diese Komponente selbstverständlich im Zeitbegriff enthalten ist. Das Motiv Zeit lässt in der Fantasie sogar Raum zur kontextuellen Ideenbildung: Ideologie ist eine Auseinandersetzung mit der Zeit. Und vielleicht möchte die „horizontale" Zeit auch nur das Gefühl vermeiden, die Kontrolle zu verlieren, über falsche Ursachenmotive und Ursachenzuschreibungen vielleicht auch noch in Panik zu geraten!

Negatives Denken ist irgendwie gleichgeschaltet, in gewisser Hinsicht beinahe homogen, aber auch fantasielos. Es hält sich an eine vorgegebene Praxis. Um nicht geradezu von Konsistenz sprechen zu müssen, könnte man etwa eine technische Apparatur als Analogie bemühen: Der Gleichrichter des Denkens der Negativität ist die Dauer, die Basis der Zeit, aber auch der Kultur. Negatives Denken ist fundiert, aber es kann sich nicht abheben, es kann nicht über die Sprache hinausgehen, von der es, theoretisch zumindest, seinen Ausgang nehmen müsste. Der Geist hebt zunächst nach oben ab, ehe er in der Praxis in die Realität abstürzt! Und die Zeit ist in gewisser Hinsicht „leichter" als die Sprache, kann diese Position aber ebenfalls nicht behaupten und findet sich dann in die Objektwelt verbannt oder gebannt. Zeit begleitet die Wahrnehmung, wird aber auch objektiviert. Und wenn man sie ausschalten will, muss man letztendlich zur Wahrnehmung zurückkehren!

Negativität möchte gerne mit der Zeit mithalten, kann es aber nicht, die Zeit ist zu leicht, und sie glüht geradezu! Also bleibt die Dauer als Zipfel übrig, dessen man habhaft werden kann. Die Wahrnehmung des Negativen konzentriert sich auf die Dauer. Die Negativität möchte alles dauerhaft starr machen, am liebsten sogar das Leben selbst, wenn das ginge. Und dem Vernehmen nach, sogar wenn jemand die Zeit hinter sich gelassen hat, bleibt er immer noch der Dauer verpflichtet. Die Dauer ist wie ein Betonblock, der mir sogar die Last des Denkens abnehmen kann. Bezüglich der Vergangenheit wird Möglichkeit durch Unmöglichkeit ersetzt und dadurch wie mit einer Klappe auch die zweite Fliege der horizontalen Orientiertheit auf andere Subjekte getroffen. Und durch meine Agitation kann ich das wiederum kombinieren, ich mache einem anderen dies und das einfach mehr oder weniger unmöglich. Unmöglich wäre, was das Leben anderer erfolgreich blockiert. Und einem potenziellen Opfer bleibt immer noch der Tod-während-des-Lebens als Ausweg! Sie träumen ja vom Nichts, als wäre es ein unzerstörbarer Stoff! Man kann ja nachhelfen, manchmal braucht es nur einen kleinen Anstoß zum Glück …

Um noch einmal etwas objektiver zu werden, die Dauer als kognitiv-emotionaler Betonblock der Negativität entkräftet sogar die immanente Dauerhaftigkeit der Sprache, ihrer Worte und Begriffe. Negativität nimmt nicht, was ist, sondern was sie gerne möchte, und dann verwundert es nicht, dass der Missbrauch den

Zusammenhang zwischen Mensch und Sprache entkoppeln möchte – Logik, schau oba! – oder versucht, einen Keil zwischen Mensch und Sprache zu treiben. Negativität kann sich einfach in keinerlei Hinsicht mit der Natur messen oder vergleichen. Die Natur durchdringt die Kultur bis hin zum fertigen Endprodukt und sie grundiert, trägt und erhält auch das Bewusstsein. Die innere Gerechtigkeit ist dann nur ein Kontrast zur Verschwommenheit der suggerierten Ganzheit des Geistes. Aber im Prinzip ist auch das nur eine Frage der Lokalisation, etwas einfach so zu nehmen, wie es ist. Zum Sieg über die Lüge wird Vertrauen in die Natur gebraucht. Und um sich der Verbundenheit mit der Natur zu vergewissern, braucht man nur die eigenen Gefühle anerkennen.

11

Und als kleinen Bonus möchte ich hier noch die Sätzchen anführen, die in diesem Text verarbeitet wurden:

Der Geist ist der Mechanismus des Umgangs mit der Realität.

Die Spiegelfunktion der menschlichen Sprache wird vom Geist bewirkt.

Mit dem Geist leben wir ein Leben des Als-ob und „Was wäre, wenn?".

Missbrauch möchte das menschliche Innenleben nach außen kehren.

Vom Missbrauch wird uns sogar die ursprüngliche Wahrnehmung verstellt.

Bei einem Verratenen wird Sachliches systematisch verfehlt.

Die Philosophiegeschichte ist eine Begründung des Missbrauchs.

Missbrauch überschreitet die Grenze zwischen Denken und Physischem.

Der Missbrauch ist eine Idealisierung des Sexualakts.

Negativität erkennt nicht die Überlegenheit der Natur.

Negativität ist die kollektive Beschränkung der Natur.

Das Negative kann das Positive gar nicht überwinden.

Mein Erfahrungshorizont wird von der Negativität bestimmt.

Natur vereint die moralischen Vorstellungen „gut" und „böse".

Was mir Böses begegnet, bin ich selbst: „Das bist du, Svetaketu!"

Der Missbrauch ist eine Abbildung der glühenden Schlinge der Zeit.

Der Ring der Zeit glüht, bis das Irrationale gelöst sein wird.

Das Irrationale ist die Lüge der Zeit und der Missbrauch.

Ein Mensch kann sich nicht erschöpfen in oder mit der Lüge der Zeit.

Zeit ist, was ohnedies im Leben und in der Existenz passiert.

Das Subjekt ist die Verbindung eines Menschen mit dem Kollektiv.

Metaphysik verbindet den/die Einzelne(n) und das Allgemeine.

Glaube ist die Haltung eines Menschen zur sprachlichen Gemeinschaft.

Lüge ist eine falsche Haltung des Einzelnen zur Gemeinschaft.

Lüge ist das Verneinen jeglicher Sinnhaftigkeit von Glauben.

Durch *die* Lüge wird ein Mensch rechtlos in Bezug auf seine Wahrheit.

Wahrheit ist ein Anspruch, den die Natur stellt und der auf sie abzielt.

Die Wahrheit ist eine Übereinstimmung von Natur und Kultur.

Zeit ist eine Kognition, die den Menschen aus der Natur hebt.

Die Zeit ist eine Linie zwischen der Natur und der Kultur.

Die Zeit ist die Energie der Umwandlung von Natur zu Kultur.

Die Zeit ist eine illusionäre Einteilung der Dauer.

Dauer ist ein anfänglicher Schrecken darüber, ein Mensch zu sein.

Zeit bedeutet, ich bin als Person dem Kollektiv ausgeliefert.

Zeit bedeutet, ich bin dem sprachlichen Kollektiv ausgeliefert.

Die Zeit ist der Zwang der Auslieferung an die Kollektivität.

Zeit ist eine abstrakte Relation auf menschliches Denken.

Die forma formarum, das Prinzip der Formen, ist letztlich die Zeit.

Ein Prinzip ist eine Maske der Dunkelheit auf Strukturen hin.

Die angenommene Gleichförmigkeit der Zeit ist eine Täuschung.

Die Zeit verbindet Elemente, die nicht zusammengehören.

Zeit ist ein ewiges Kreisen um den einen Punkt der Vererbung.

Ideologie ist eine Auseinandersetzung mit der Zeit.

Zeit ist die einzige Konvention, die den Missbrauch miteinschließt.

In der Struktur der Zeit begegnen einander Missbrauch und Leben.

Der Missbrauch ist ein Versuch, dem Menschen die Lüge beizubringen.

Die im Missbrauch enthaltene Lüge aktualisiert sich selbst.

Missbrauch beruht auf Transzendenzerfahrung und der Lüge der Zeit.

Die Lüge vermischt permanent Kollektives und Subjektives.

Der Missbrauch versteckt sich über das Wort Lüge hinter der Sprache.

Die Ungenauigkeit der Kultur wäre strukturierte Lüge.

Die Natur als Leben bietet der menschlichen Kultur Paroli.

Die Lüge kann sich niemals gegenüber der Natur durchsetzen.

Recht ist die konventionelle Überwachung der Dinglichkeit.

Die Gerechtigkeit existiert als Teil des menschlichen Bewusstseins.

Das Ganze ermöglicht Fragmentierung und ist auch deren Prinzip.

Das Denken ist eine natürliche Bewegung des Bewusstseins.

Logik ist die Arbeit des Kindes, mit der Sprache umzugehen.

Ein Fluch stellt die Herabbeschwörung einer Opferdynamik dar.

Das Nichts bedeutet, ein Mensch ist frei von innerer Intention.

Ein Mensch ist mehrheitlich von kollektiven Zuständen abhängig.

„Ich" ist eine Funktionsvariable, die Gleichungen erstellt.

Angst bezieht sich auf mögliche Kommunikationsinhalte.

Stress in die Zukunft hinein bedeutet Furcht vor der Vergangenheit.

Mut ist die Herausforderung der Natur vonseiten der Dauer.

Der Inhalt Sicherheit hat mit der Abgrenzung von Worten zu tun.

Verrat ist ein missbräuchlicher Angriff auf die Sprache als ganze.

Verrat ist eine Umkehrung des Sprachgehalts ins Negative.

Verrat ist eine gegenläufige Verwendung des Sprachgehalts.

Die Wurzel des Verrats ist mögliche Sprachmanipulation.

Der Sprachmanipulation mangelt Vertrauen ins Kollektiv.

Die Struktur der Zeit kann auch vom Verrat für sich beansprucht werden.

Verrat ist die Entscheidung, jemanden ins Verderben zu führen.

Verrat heißt, jemand drückt jemand anderem seine Verzweiflung auf.

Die absichtliche Auffassung eines Menschen als Ding ist Verrat.

Die intentionale Sicht eines Menschen als Ding ist Verrat.

Verrat heißt, man nimmt jemandem seinen Status als Lebewesen.

„Guter Wille" ist ein sprachliches Fotonegativ zum Missbrauch.

Absolutes versteht sich als künstlicher Gegenpol zur Natur.

Die Verneinung des Nichts als Natur führt zum sprachlich Absoluten.

Der Anfang bedeutet, dass etwas mit einem Wort versehen wird.

„Trieb" ist eine Selbstbeschreibung des Negativen, Destruktiven.

Negativ, destruktiv ist ein Auge mit dem Hintern verwechseln.

Die Intention der Lüge ist letztlich jemanden zu töten.

Ursache von Lüge und Verrat ist die Erfahrung des Missbrauchs.

Das Feuer des Hasses schadet dem Täter mehr als seinem Opfer.

Ziel der Destruktivität ist ein negatives Sich-Anbiedern.

Verrat ist im Wesentlichen angewandte Negativität.

Verrat ist eine Angelegenheit zwischen Natur und Lüge.

Lüge entkleidet den Menschen aller Möglichkeiten des Geistes.

Ein verratener Mensch ist der Lüge ausgeliefert, bis er stirbt.

Der Tod bedeutet einen weiteren Anfang des Interesses.

Der Geist ist die Furcht des Absturzes in den bodenlosen Abgrund.

Geist bedeutet nur eine Anfrage, was eigentlich zu tun sei.

Zeit besteht im Festhalten der Vergangenheit aus Furcht vor Missbrauch.

Zeit verdirbt ein unverstelltes Verhältnis des Menschen zur Natur.

Jemand, der Verrat begeht, verdirbt sein Leben intentionell.

Die unmittelbare Grundlage des Verrates besteht in Zeit.

Das Negative versteht sich als spiegelgleich dem Positiven.

Mit dem Durchqueren der Sprache von unten wird der Geist kollektiv.

Erhaben ist ein Ich, welches der Geist in die Seele überhöht.

Ein Mobbender fühlt sich meist gegenstandslos vom Verrat betroffen.

Moral schließt auch den Aspekt des Menschen als Ding ein, Ethik Natur.

Ethische Inhalte werden empfunden, Moral wird formuliert.

Der Hauptbegriff der Moral ist wohl Schuld, der Ethik Verantwortung.

Schuld ist das Sich-verhalten von Dingen gegenüber der Natur.

Jemanden beschuldigen bedeutet ihn zu einem Ding machen.

Schuld ist die Bevorzugung des Geistes gegenüber der Natur.

Der Geist ist der Mechanismus des Umgangs mit der Realität.

Im Lauf existenzieller Verrichtungen bestraft Geist den Geist.

Die Substanz des Geistes ist das Verwechseln von Natur und Kultur.

Das Feuer des Geistes befreit die Welt von den Folgen des Missbrauchs.

Der Strukturfaktor Zeit macht Inhalte des Bewusstseins unwägbar.

Das Mosaik der Zeit ergibt ein „übernatürliches" Ganzes.

Zeit ist eine Entfremdung von der Natur unter deren Obhut.

Der Missbrauch ergibt sich vielleicht aus der Zeit, aber nicht notwendig.

Unbewusstes und Geist wirken an der Konstitution des Ichs.

Die Kultur ist selbstzerstörerisch, wenn Missbrauch eingebunden ist.

Der Opfergedanke führt im Missbrauchsverständnis weg von Natur.

Die Substanz des Negativen besteht im Missbrauch des Wortes Bann.

Ein Missbrauchstäter überträgt den eigenen Bann auf sein Opfer.

Der gesamte Missbrauch der Gesellschaft steht im Zeichen des Bannes.

Die Faszination des Missbrauchs besteht im angewandten Bann.

Die beim Missbrauch ausgesprochenen Worte verleihen dem Bann Zeit.

Negativität wird durch Orientierung auf den Bann gelöst.

Die Zeit bezieht sich auf Objekte, Handeln auf andere Menschen.

Auf Menschen bezogenes Handeln kann den Zwang der Zeit aufheben.

Es ist Unglück, die Dimensionen Zeit und Raum zu verschmelzen.

Der Wunsch eines Destruktiven ist, richtig behandelt zu werden.

Selbst blockierte Wunscherfüllung wird auf andere angewendet.

Eine verratene Person hat kein Recht auf eigene Wünsche.

Das Kollektive der Zeit verhindert die persönliche Zukunft.

Die durch Sprache angeführte Kultur ist insgesamt destruktiv.

Der Geist und das Unbewusste stehen für die Destruktivität.

Ein Mensch muss die Sprache neu lernen, wenn sich der Geist aufgelöst hat.

Ich bewege mich im unzerstörbaren Stoff, aus dem das Nichts ist.

Alle Kulturinhalte sind, vom Nichts betrachtet, Illusion.

Der Opfergedanke trägt das Missverständnis, gebraucht zu werden.

Auch ein Opfer kann sich im Bann der Opfererbringung befinden.

Ein Opfer ist für ein höheres Wesen bestimmt, das es nicht gibt.

Die Zeit ist ein Faktor der Innenwelt, die Dauer der Außenwelt.

Die Innenwelt eines Verratenen wird durch Lüge mitgeformt.

Ein Verratener wird eher von außen als von innen bestimmt.

Das Ich wird vom Spracherwerb an durch Sprachverwendung aufgeladen.

Sprache entfernt den Menschen von natürlicher Disposition.

Freiheit ist eher im Innen, verliert im Außen an Bedeutung.

Ein autoritärer Charakter bemächtigt sich gern der Sprache.

Der Gleichrichter des Denkens der Negativität ist die Dauer.

Die Wahrnehmung des Negativen konzentriert sich auf die Dauer.

Die Negativität möchte das Leben dauerhaft starr machen.

Unmöglich wäre, was das Leben anderer erfolgreich blockiert.

Jeder Begriff über der Sprache kann als Wert betrachtet werden.

Das Innen und Außen werden durch Zeit und Dauer unterschieden.

Ein Verratener wird von den Verrätern mit Lügen abgespeist.

Der Missbrauch versucht einen Keil zwischen Mensch und Sprache zu treiben.

Der Missbrauch entkoppelt den Zusammenhang zwischen Mensch und Sprache.

Nach Auflösung der Zeit bleibt der Bezug auf die Dauer erhalten.

Missbrauch verletzt den Stolz des Opfers in lebensgefährdender Art.

Es gibt wohl eine Identität zwischen Bewusstsein und Psyche.

Das Ich ist eine Funktionsleistung der Sprache für die Person.

Ursache der Negativität ist laut den Tätern die Sprache.

Die Sprache als absolute Summe der Welt ist eine Kugel.

Die Sprache bildet die Struktur des Innern und auch das Bewusstsein.

Die Sprache ist Ergebnis der Summe des menschlichen Kollektivs.

Sozial heißt, man beginnt sich mit der Sprache zu beschäftigen.

Sprache bedeutet, man kann sich nicht ganz von anderen abtrennen.

Die Ursache des Missbrauchs liegt weniger in Schuld als in Dummheit.

Der Ansatz zum Missbrauch ist wohl eher kognitiv als moralisch.

Der Missbrauch ist hilfsbedürftig und appelliert an die Gemeinschaft.

Der Missbrauch kann nur existieren, wenn er Gerechtigkeit leugnet.

Gewalt markiert eine unmittelbare Verbindung zum Missbrauch.

Der Missbrauch versucht dem Menschen die Sprache abspenstig zu machen.

Missbrauch unterbindet die verbindende Funktion der Sprache.

Ein Missbrauchstäter möchte keinen Kontakt zu anderen Menschen.

Der Missbrauch akzeptiert nicht, was ist, sondern was er gerne möchte.

Missbrauch erzeugt das Gefühl, auf der anderen Seite zu stehen.

Der Missbrauch verlangt letztlich eine Opfer-Perfektionierung.

Verrat ist eigentlich nur eine Nachahmung des Destruktiven.

Missbrauch ist ein Missverständnis, das aus Scham heimlich überlebt hat.

Zeit ist im Bewusstsein wohl eher ein Gefühl als ein Gedanke.

Der negative Anteil der Zeit rührt ursprünglich vom Missbrauch her.

Der Geist ist ein dauerhaft aufgescheuchter Knecht seiner Herrin Zeit.

Zum Leben braucht man nur die eigenen Gefühle anerkennen.

Das Aussuchen eines Verrat-Opfers ist notwendig willkürlich.

Der Missbrauch ist im Grunde ein Ausdruck äußerster Hilflosigkeit.

Die Sprache kann helfen, wenn ihr nicht Angst und Stolz entgegenstehen.

Negativität ist ein Abirren vom Übergang Zeit-Dauer.

Zum Sieg über die Lüge wird Vertrauen in die Natur gebraucht.

Zeit ist eine grobe Einschätzung der inneren Befindlichkeit.

Gerechtigkeit ist ein Spitzbogen über jedem Ding und Menschen.

Gerechtigkeit existiert zwischen der Natur und Bezeichnetem.

Rache ist der Versuch einer Richtungsveränderung der Sprache.

Ein Täter handelt irrational, ein Opfer rational.

Negativität kann sich mit Natur nicht messen noch vergleichen.

Negativität ist aktives Sich-die-Natur-zum-Feind-machen.

Negativität grenzt Natur und Kultur strikt voneinander ab.

Ein Negativer kämpft vor allem gegen das Vergessenwerden.

Der Missbrauch ist ein Versuch, die Zeit zu materialisieren.

Zeit ist eine nachträglich eingefügte Messung der Wahrnehmung.

Das Ich ist ein Bindeglied zwischen Person und Kollektivität.

Wenn das Sein nicht als gültig anerkannt wird, wird das Ich zum Opfer.

Das Sein umfasst die gesamte Horizontalität der Sprache.

Das Sein ist das als kollektiv angenommene Pendant zum Ich.

Das Sein ist das kollektive Pendant zum Ich jenseits der Sprache.

Stimmt das Sein mit dem Selbst überein, gehört einem die ganze Welt.

Der Bedarf der Zeit entsteht nach Abwendung von der Gerechtigkeit.

Sprache ermöglicht Vorstellung, und diese fügt zusammen, was ist.

Ziel der Missbrauchstäter sind die Emotionen ihrer Opfer.

Die Natur verbindet Wahrheit und Gerechtigkeit miteinander.

Wahrheit und Gerechtigkeit können nur gemeinsam existieren.

Der Missbrauch zielt auf das Leben als Wort und weniger als Inhalt.

Schuld ist eine Außenprojektion verneinter Gerechtigkeit.

Geld ist eine Repräsentation dauerhaft schuldiger Zeit.

Der Geist verschiebt das Gewicht zur Überbetonung des Kollektivs.

Durch die Natur erhält der Mensch die verlorene Würde zurück.

Geist beginnt durch Identifikation mit jemand anderem.

Geist repräsentiert die horizontale Breite des Bewusstseins.

Dauer ist kollektives Herausgehoben sein aus der Natur.

Zeit ist eine Vertikale des Lebens, die auf Dauer basiert.

Zeit ist eine schockartige Wahrnehmung der Dauer der Kultur.

Panik ist ein Irrtum über objektive Ursachenketten.

Jeder Mensch ist ein Bewohner der Seele-Selbst-Schicht des Bewusstseins.

Das Verschwiegen werden des Missbrauchs führt zu Fassaden und Moral.

Missbrauch ist mehr eine Selbstaufgabe, die sich als Gemeinnutz tarnt.

Wenn man „natürlich" und „künstlich" trennen möchte, dann anhand der Zeit!

Zeit ist kulturelle Überformung der eigenen Wahrnehmung.

Stolz ist die Selbstaufgabe zugunsten vergangenen Besitzes.

Das Unbewusste ist Boden und Stütze der Kognition Zeit.

Die Vergangenheit ist konstitutiv für die Kognition Zeit.

Wahrheit ist im Grunde die Zustimmung, das Sein zu akzeptieren.

Negativität unterscheidet nicht zwischen Lüge und Verrat.

Nazismus ist eine Ideologie des Anderen-schadens.

Negativität macht Positives nach und verhindert es dann.

Der Missbrauch ist eine Art versuchter Mord, der mit Absicht misslingt.

Verrat heißt, man hat mir von Anfang an das Lebensrecht genommen.